책세상문고·고전의 세계

답성호원
答成浩原

책세상문고·고전의 세계

답성호원
答成浩原

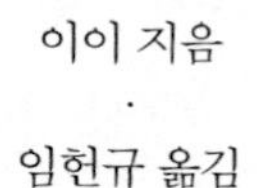

이이 지음

·

임헌규 옮김

책세상

일러두기

1. 이 책은 이이의 《율곡전서栗谷全書》 가운데 권9와 권10의 〈답성호원答成浩原〉 중에서 주로 '인심도심설人心道心說'과 관련된 서신을 골라 번역했다. 서간의 번호는 편집상 임의로 붙인 것이다. 그리고 《율곡전서》 권12의 <안응휴에게 답함>과 권14의 <인심과 도심에 관한 도설>, 권35의 <행장>을 번역해 부록으로 실었다.
2. 이 번역본의 저본은 1992년 성균관대학교 동아시아학술원에서 간행한 《율곡전서》이며, 1987년 한국정신문화연구원에서 간행한 《국역 율곡전서》와 한국고전번역원의 한국고전종합DB의 자료를 참조했다.
3. 기본적으로 직역을 원칙으로 했다. 단, 철학적 용어들은 가능한 풀어 쓰려고 했으나 그렇게 하기 어려운 것들은 보충 설명이나 주를 달아 이해를 돕도록 했다. 원문에서 작은 글씨로 보충 설명한 것과 주를 달아놓은 것은 ( ) 안에 넣었고, 옮긴이가 보충한 말이나 짤막한 설명은 〔 〕 안에 넣었다.
4. 필요한 경우 한자를 병기하되, 음이 같은 경우는 바로 병기했고 음이 다르고 뜻만 같은 경우는 〔 〕 안에 넣어 병기했다.
5. 주는 모두 옮긴이주이며 후주 처리했다.
6. 맞춤법과 외래어 표기는 현행 규정과 《표준국어대사전》(국립국어연구원)을 따랐다.

답성호원 | 차례

부록

들어가는 말

율곡栗谷 이이李珥(1536~1584)는 퇴계退溪 이황李滉(1501~1570)과 더불어 조선조 지성사를 대표하는 인물이다. 율곡과 퇴계의 학문과 인품에 대해서는 그동안 많은 평가가 있어 왔다. 그 가운데 《조선왕조실록》의 공식적인 평가를 살펴보자. 퇴계의 〈졸기卒記〉에는 다음과 같이 기록되어 있다.

> 숭정대부崇政大夫 판중추부사判中樞府事 이황이 졸卒하였다. 그에게 영의정領議政을 추증追贈하도록 명하고 부의賻儀와 장제葬祭를 예법에 따라 내렸다…이황은 타고난 바탕이 순수하고 아름다웠으며, 재주와 식견이 탁월하고 뛰어났다…이황은 예법으로 자신을 지키면서 남의 조롱이나 비웃음 따위는 아랑곳하지 않고, 고상한 뜻과 차분한 마음을 가졌다…오로지 성리性理의 학문에 전념하다가 《주자전서朱子全書》를 읽고서는 그것을 좋아하여 한결같이 그 교훈대로 따랐다. 참된 앎(眞知)과 실천을 위주로 하여 제가諸家 학설의 같음과 다름, 얻음과 잃음에 대해 널리 통달하고 주자朱子의 학설에 의거하여 절충하였으므로, 의리義理에 대한 소

견이 정미精微하고 도道의 큰 본원을 환히 통찰했다. 도가 이루어지고 덕이 확립되자 더욱더 겸허하여 그에게 배우려는 학자들이 사방에서 모여들었고 달관達官·귀인貴人들도 마음을 다해 향모向慕하였는데, 학문 강론과 바른 몸가짐을 위주로 하여 사풍士風이 크게 변화되었다…이황은 겸양하는 뜻에서 감히 작자作者로 자처하지 않아 특별한 저서著書는 없었으나, 학문을 강론하고 요청에 따라 글을 쓰기 시작하여 성훈聖訓을 밝히고 이단異端을 분별했는데, 논리가 정연하고 명백하여 학자들이 믿고 따랐다. 편집한 책으로는 《이학통록理學通錄》, 《주서절요朱書節要》가 있고, 그의 문집이 세상에 전해지는데, 세상에서는 그를 퇴계 선생이라 한다.[1]

다음은 율곡의 〈졸기〉이다.

이조판서 이이가 졸하였다. 이이는 병조판서로 있을 때부터 과로로 병이 생겼다…서익徐益이 순무어사巡撫御史로 관북關北에 가게 되었는데, 임금께서 이이를 찾아가 변방에 관한 일을 묻게 하였다. 자제들은 현재 병이 조금 차도가 있긴 하나, 몸을 수고롭게 해서는 안 되니 응접하지 말기를 청하였다. 그러나 이이는 말하기를, "나의 이 몸은 다만 나라를 위할 뿐이다. 만약 이 일로 인하여 병이 더 심해져도 이 역시 운명이다" 하고, 억지로 일어나 서익을 맞이하여 직접 육조六條의 방략方略을 불러주었다…하루를 넘기고 졸하였다. 향년 49세였다…발인하는 날 밤에는 멀고 가까운 곳에서 (사람들이) 모여들어 그를 전송하였는데, 횃불이 하늘을 밝히며 수십 리에 끊이지 않았다. 이이는 서울에 집이 없었으며 집안에는 남은 곡식이 없었다. 친우들이 수의襚衣와 부의賻儀를 거두어 염殮하여 장례를 치르고, 조그마한 집을 사서 가족에게 주었지만, 그럼에도 가족들은 살아갈 방도가 없었다…이이의 자는 숙헌叔獻이고 호는 율곡栗谷이다. 태어나면서부터 신동이었고 확연히 큰 뜻이 있었다…학문을 하면서 문장 공부에 힘쓰지 않았어도, 일찍부터 글을 잘 지어 사방에 명망이 알려졌다. 어머니가 돌아가시자 비탄에 잠긴 나머지 잘못 선학禪學에 물들어 19세에 금강산에 들어가 불교의 도를 닦았는데, 승려들 간에 생불生佛이 출현했다고 소문이 자자하였다. 그러나 얼마 후에는 잘못된 행동임을 깨닫고 돌아와 정학正學에 전념하였는데, 스승의 지도를 받지 않고도 도의 큰 근본(大本)을 환하게 알고서 정미하게 분석하여 철저한 신념으로 힘써 실행하였다…이이는 타고난 기품이 매우 고상한데다 수양을 잘하여 더욱 높은 경지에 나아갔다. 청명한 기운에 온화한 분위기가 배어 나오고 활달하면서도 과감하였다…한 시대를 구제하는 것을 급선무로 여겼기 때문에 물러났다가 다시 조정에 진출해서도 사류士類를 보합保合하는 것을 자신의 임무로 삼았다. 사심 없이 할 말을 다하다가 주위 사람들이 꺼리는 대상이 되었는데, 마침내 당인黨人에게 원수처럼 되어 큰 화를 면치 못할 뻔하기도 하였다. 이이는 인물을 논하고 추천할 때 반드시 학문과 명망과 품행을 위주로 하였으므로, 진실하지 못하면서 빌붙으려는 자들과 자주 반목했다. 그래서 세속의 여론은 그를 너무도 현실에 어둡다고 평했다…저서로 문집과 《성학집요聖學輯要》·《격몽요결擊蒙要訣》·《소학집주小學集注》 개정본이 세상에 전해온다.[2]

율곡은 이기론理氣論과 사단칠정론四端七情論 등에서 퇴계의 이기호발설理氣互發說을 시종일관 비판했음에도 불구하고, 그 누구보다 퇴계를 존경하고 신뢰했다. 율곡은 스물세 살 때, 벼슬에서 물러나 고향에서 제자들을 가르치는 퇴계를 찾아가 이틀 밤낮을 머무른 적이 있다. 퇴계는 문인 조목趙穆에게 보낸 서간에서 율곡을 "사람됨이 명석하여 섭렵함이 많고 우리 학문에 뜻을 두고 있으니, '후생을 두려워할 만하다〔後生可畏〕'라는 옛 성현의 말씀이 나를 속이지 않았음을 비로소 알았다"[3]라고 평가하고 있다. 그 후 퇴계와 율곡은 수차례에 걸쳐 서간을 주고받았다.[4] 퇴계는 자신보다 서른다섯 살이나 아래인 약관의 율곡에게 "세상에 영특한 인재는 한없이 많지만, 옛 학문에 마음 두기를 좋아하지 않는다. 그대처럼 뛰어난 재주를 지닌 젊은 사람이 바른길에 발을 내디뎠으니, 앞으로 성취될 것에 어찌 한량이 있겠는가? 천만번 부탁하니 스스로 더욱더 원대한 뜻을 기약하시오"라고 당부하는 것을 잊지 않았다.

율곡 또한 퇴계의 별세 소식을 듣고 다음과 같이 통곡했다.

좋은 옥, 정제된 금처럼 타고난 기질 순수하시고

참된 근원은 관민[5]에서 분파하였네!

백성들은 위아래로 흐르는 은택 함께하기를 바랐고

행적을 살피면 산림에서 홀로 선하셨네.

호랑이는 떠나고 용도 사라져 사람의 일 변했건만
물결 돌리고 길 열어주신 책들이 새롭구나!
남쪽 하늘 아득히 멀리 저승과 이승이 갈리니
서해 물가에서 눈물 마르고 창자 끊어집니다.[6]

이렇게 퇴계와 율곡은 서로를 존숭하며 진리를 향해 정진해나갔던 인물들이라 하겠다. 일반적으로 퇴계가 이른바 주리론主理論을, 율곡이 주기론主氣論을 대표하며, 성리학에서 다른 관점과 입장을 피력한 것으로 해석돼왔다. 물론 강조점과 정도를 어떻게 보는가에 따라 그렇게 해석할 충분한 소지가 있을 수 있다. 그러나 역자는 이 두 사람이 16세기 조선 성리학(혹은 주자학)의 수용 및 정착기에서 다른 관점을 피력했다기보다는 점차 완성된 이론 체계로 나아가는 길 위에 있다고 판단한다. 농암農巖 김창협金昌協의 "퇴계는 학문을 잘 말했고, 율곡은 이치〔理〕를 잘 말했다"[7]라는 평가는 그냥 나온 것이 아닐 것이다. 역자의 이러한 입장에 대해서는 뒤의 〈해제〉를 참고하기 바란다.

〈답성호원〉은 율곡의 저서 가운데 그의 철학의 전모를 볼 수 있는 가장 중요한 문헌이다. 이 글에서 율곡은 그의 외우畏友 우계牛溪 성혼成渾의 '인심人心과 도심道心'에 대한 질문에 답하면서, 이기론과 심성론 등에 대한 자신의 해석을 모두 풀어내고 있다. 후에 '인심도심논쟁'으로 불린 이들의 서간은 '사단칠정논쟁', '인물성동이론'과 함께 조선조 3대 논쟁으로 꼽힌다.

역자가 이 자료를 접하게 된 사연은 이렇다. 역자는 유학 가운데 주로 성리학性理學을 공부했다. 역자에게 동양 혹은 한국 철학을 공부할 계기를 마련해주신 분은 역설적이게도 서양철학을 가르치셨던 낙도재樂道齋 신오현(1938~) 선생님이다. 철학의 이념을 복명復命하는 작업에 평생을 매진하신 선생님이 재해석한《중용中庸》〈수장首章〉에 대한 언명은 학부 시절 역자를 매료시켰다. 주로 독일어 책을 놓고 암호해독을 벌이던 역자는 대학원 선배들의 도움을 받아가며《노자老子》와《소학小學》 등을 읽고 동양철학의 미로에 빠져들었다. 그 후 대학원에 진학해 민족문화추진위원(현 한국고전번역원)에서《맹자孟子》를 공부하며,《맹자》에 나오는 모든 한자를 읽고 쓰며 익혔다. 그런 뒤에 한학을 더 공부하고자 유도회부설 한문연수원에서 3년간 사서삼경四書三經을 접했다. 이런 가운데 역자가 수업 시간에 다룬 고전 외에, 혼자서 열심히 탐독했던 첫 책이 바로 율곡의 〈답성호원〉이다. 당시 20대였던 역자는 율곡의 서신들을 읽으면서, 그의 진지함과 사유의 명료함 등에 감복하며, 학문함의 희열을 느낄 수 있었다. 그때의 독서가 율곡에 관한 몇 편의 논문과 지금의 이 역서를 세상에 내놓게 한 계기가 되었다.

번역 과정에서 기존의 《율곡전서》를 두루 참조했는데, 특히 《국역 율곡전서》(한국정신문화연구원, 1987)와 한국고전번역원의 한국고전종합DB의 자료가 많은 도움이 되었다. 율곡의 생애에 대해서는 〈해제〉에서 언급하지 않고, 대신 율곡의 문인 김장생金長生의 〈행장行狀〉을 최소한으로 발췌했다. 이처럼 객관적 사료를 제시한 것에 그친 것은 이미 책세상문고·고전의 세계 50권 이이의 《동호문답東湖問答》(114~115쪽)을 번역하신 안외순 선생님의 충실한 해제가 있기 때문이다. 안외순 선생님의 해제와 더불어, 《국역율곡전서》(한국정신문화연구원 간) I의 심우섭 선생의 해제와 VIII의 〈행장〉, 그리고 이병도의 《율곡의 생애와 사상》(서문당, 1973)을 참조하기 바란다.

답성호원

1. 성호원成浩原[8] 에게 답함 갑인년(1554, 명종9)

호원 족하足下〔동년배에 대한 존칭〕께서 전일에 보내준 서신을 받았습니다. 거듭 깨우쳐주신 글의 뜻이 간절해, 귀먹은 이로 하여금 듣게 하고, 눈먼 이로 하여금 보게 했습니다. 제가 비록 용렬하지만 감동하여 분발하지 않을 수 있겠습니까? 아! 족하께서 계시지 않았다면, 이런 말씀을 들을 수 없었을 것이기에, 매우 다행스럽고 또 다행스럽다 할 것입니다. 족하께서 나에 대해 의심하는 것은 참으로 옳습니다. 그러나 오히려 서로가 이해하지 못한 것이 있는 것 같습니다. 실정을 토로하지 않아 지기知己에게 분명하지 못한 점이 있어서는 안 될 것입니다.

저는 어릴 때부터 학문에 게을러 열대여섯 전에 읽은 글은 얼마 되지 않습니다. 열일곱이 되어 비로소 학문에 뜻을 두었으나, 공부를 시작한 지 얼마 못 가 비위에 소화가 잘 안 되는 병을 얻었습니다. 그 후에는 글을 읽을 수가 없어 다만 묵묵히 기록만 했습니다. 어느 날 문득 선유先儒의 '기록이 많으면 오히려 마음에 해롭다〔多記損心〕'는 말이 생각나서, 다시 기록하여 외우지 않았습니다. 그랬더니 자못 힘을 낭비하지 않는다는 것을 알아서, 이를 편하게 여겨온 것이 지금까지 수년이 되었습니다. 제가 비록 게으르지 않았다고 하더라도 병 때문에 공부를 할 수 없었을 것인데, 하물며 게으른 자질에 이 병까지 얻었으니 어떻게 하겠습니까? 날마다 채찍질해 부지런히 구하더라도 얻기 어려울 것인데, 하물며 독실하게 〔원문 누락〕한 것을 의심하여 여러 말을 하는 데에 있어서는 더 말할 것이 있겠습니까?

나는 성격이 드나드는 것을 좋아하지 않고 매양 고요히 앉아 있기를 좋아합니다. 그 때문에 모르는 이는 내가 글을 즐겨 읽는 것으로 생각하지만, 나와 한방에 거처하는 이는 내가 게으르다는 것을 압니다. 사장학詞章學[9]에는 점점 뜻이 없어져 근래에는 끊어버리고 아예 글을 짓지 않습니다. 학문에 진전이 있어서 글을 짓는 것에 뜻이 없어진 것은 아닙니다. 다만 게으르면서 병까지 얻어, 일없이 편해지고자 하는 것일 뿐이니 이것이 어찌 궁궐의 환관이 정조를 지키는 것〔黃門之貞〕과 다르겠습니까?

문장文章은 비록 작은 재주라고 하지만 말하기는 쉽지 않습니다. 그 공부가 매우 어려운데 어찌 그 문門을 질러갈 수가 있겠습니까? 나는 문장에 있어 조금도 얻은 것이 없는데, 족하께서는 "한 나라를 감동하게 했다"고 칭찬하십니다. 이는 달걀을 보고서 수탉의 울음소리를 들으려는〔見卵求鷄〕것이 아닙니까? 어찌 그릇되게 말씀하십니까? 매번 세상 사람들이 실정에 지나치게 칭찬을 많이 하는 것을 괴이하게 여겼는데, 지기로서 이런 말을 할 줄은 생각지 못했습니다. 비록 나의 문장이 실제로 정묘한 곳에까지 나아갔다고 하더라도 오히려 쓸모가 없기 때문에 애착을 가질 수 없거늘, 하물며 그 문을 찾지 못하고 있는 데에서는 어떻겠습니까? 내가 학문에서 진전을 보지 못한 것은 자포자기한 죄이고, 글재주가 나를 잘못되게 한 것이 아닙니다. 예로부터 부지런한 사람은 세우고, 게으른 사람은 이루지 못하는데, 왜 그렇겠습니까? 의지가 있고 없는 것에 따라 자연히 득실이 같지 않기 때문입니다. 이단이라도 스스로 닦는 것〔自修〕에 용감한 자를 군자가 오히려 끊지 않은 것은, 미혹된 의지를 변화시켜 이단의 도를 닦는 데 용감했던 마음을 유학의 도를 닦는 데에로 용감히 돌릴 것을 바라기 때문입니다. 비록 내가 기송記誦·사장을 익히는 데 용감한 것이 진실로 족하의 말씀과 같다면, 이 마음을 학문하는 데에 미루어 나아갈 수 있을 것입니다. 이는 참으로 다행스런 것이지 근심할 일은 아닙니다. 선비가 근심할 것은 다만 일을 다잡아 하지 않고 느릿하게 하는 데 있을 따름입니다. 진실로 독실하고 분발하려는 의지가 있다면 어찌 성취할 수 없다고 우려하겠습니까? 족하께서 저에게 의심하는 것은 곧 저의 단점이니, 제가 이른바 "서로 이해하지 못한 듯하다"고 한 것이 이것입니다.

세상에는 본래 생각하지도 않은 칭찬이 많은데, 저에게는 더욱 심합니다. 이 또한 운명인가 봅니다. 저는 옛글을 수십 번 읽은 뒤에야 겨우 외우는데, 세상 사람들은 "누구〔율곡〕는 한 번 보기만 하면 곧 기억한다"라고 말합니다. 드나들기를 좋아하지 않고 항상 방 안에 있으면, "누구는 글을 탐독하느라 문밖에도 나가지 않으며, 또한 병도 생각지 않는다"라고 합니다. 지난해부터 비로소 실학實學[10]을 펴보았는데, "아무개는 경전經傳[11]에 정통하고 익숙한 것이 견줄 곳이 없다"고 말합니다. 말만 하면 그 실상보다 지나치니, 저도 그 까닭을 알 수 없었습니다. 그래서 항상 세상 사람이 실상을 구하지 않는 것을 개탄했는데, 지기가 의심하는 것 역시 세상 사람들과 다름이 없을 줄로는 미처 생각하지 못했습니다.

비록 사람이 매우 어리석다고 하더라도 실로 미친병에 걸려 정신이 혼미한 지경에 이르지 않는다면, 오히려 제 몸을 스스로 아끼고 사랑할 줄 아는 법입니다. 저도 어찌 감히 질병을 근심하지 않겠습니까? 다만 약을 써서 비위를 치료한 것이 3년이나 되었지만, 어떠한 효과도 없었습니다. 요즘 또 의원에게 물으니, "이는 비위가 병든 것이 아니라 폐가 상한 것이니, 만약 그 폐를 치료한다면 음식이 내려갈 수 있다"고 말했습니다. 그래서 폐를 치료하는 약을 지으려 했지만, 약재를 얻지 못하여 조제하지 못하고 있습니다. 족하께서 병을 조심하라고 정성을 다해 권면해주시니, 나를 아낌이 간절하지 않다면 어찌 이렇게 할 수 있겠습니까?

족하께서 이른바 "과거科擧를 중시하여 과거에 합격하는 것에만 구차하게 마음을 기울인다"라고 한 것에 대해, 내가 어찌 그 책임을 피할 수 있겠습니까? 이 또한 제가 부득이했던 것입니다. 저는 대대로 내려오는 생업이 없고 곤궁하여 가계를 꾸려나갈 수 없었습니다. 연로하신 어버이께서 계시는데 언제나 맛있는 음식을 못 해드렸으니, 자식으로서 마음이 움직이지 않을 수 있겠습니까? 품팔이나 장사라도 할 수 있다면, 저는 천한 일이라도 부끄러워하지 않았을 것입니다. 다만 나라의 풍속이 정해진 법도가 있어, 선비와 서민은 생업을 달리해야 하기 때문에 진실로 품팔이나 장사하는 것을 차마 하지 못하고 있었습니다. 그러던 와중에 과거를 보는 길이 있어 연로하신 어버이를 봉양하는 밑천으로 삼을 수 있었습니다. 어버이를 위하여 몸을 굽힌 것이지, 감히 가난 때문에 녹祿을 구하는 것을 공맹孔孟의 정맥正脈으로 삼으려 했던 것은 아닙니다.[12] 부모의 명령은 진실로 불의不義에 이르지 않는다면 모두 힘써 따라야 할 것이니, 제가 과거를 보지 않을 수 있었겠습니까? 이미 과거를 일삼기로 한 마당에 전혀 힘을 기울이지 않을 수 없기에, 때로는 과문科文〔과거의 격식에 따라 짓는 글)을 지어 정도程度에 합당한 것을 구하게 되었습니다. 이는 모두 부득이한 것이지, 이것을 평생의 사업으로 삼으려 했던 것은 아닙니다.

과거는 비록 근세에 일반적으로 통해진 길이라고 하지만, 그 흔적은 마치 구슬을 자랑하여 파는 것과 비슷합니다. 과거로 말미암아 녹과 벼슬을 얻으려고 한하면 그런대로 괜찮겠지만, 도를 행하려고 한다면 아마도 될 수 없을 것입니다. 대장부는 이 세상을 살 때 밭이랑을 갈면서도 자기의 분수에 만족하며 후한 녹봉을 주어도 달갑게 여기지 않고 말 사천 필을 주어도 돌아보지 않다가, 반드시 임금이 공경과 예의를 다함을 기다린 뒤에야 마음을 움직여 한 번 일어나서 온 천하를 모두 선善하게 하고 공功을 모든 백성에게 펼칠 것입니다. 어찌 재주를 팔고 기예를 겨루어, 그 합격 여부를 한 시관試官의 눈으로 결정하게 하여, 성현의 출처出處를 바라겠습니까? 옛날에 제후가 찾아와도 만나지 않은 분들은 결코 이런 일을 하지 않았습니다. 그러므로 나는, "이로 말미암아 그 도를 행하려고 한다면 아마도 할 수 없을 것입니다"라고 말했습니다.

제가 비록 의지와 기개는 위축되었다고 하더라도, 가슴속에 깊이 쌓아둔 것이 어찌 과거라는 한 가지 일뿐이겠습니까? 족하께서 저를 평하여 "과거에만 열중하고, 생사를 도외시한다"고 한 것은 지나친 말인 듯합니다. 제가 비록 진실로

'서두른다'고 할 수 있겠지만, 어찌 족하의 말씀처럼 그렇게 하겠습니까? 세속의 선비로서 아득하게 향방을 알지 못하는 사람도 오히려 공명功名은 자기와 상관없는 것으로 여기는데, 제가 비록 지극히 어리석다고 하지만 어찌 뜻밖에 들어온 하찮은 벼슬을 가지고 기꺼이 일신一身을 바꾸려 하겠습니까? 그러나 사정이 이렇다고 할지라도, 선한 일을 하도록 권면하는 도리는 진실로 이와 같지 않을 수 없으니, 족하의 말씀도 어찌 지나치다고 말하겠습니까? 지금 과거에 응시하면서 이미 합격 여부에 마음이 움직이지 않을 수 없는 제가, 앞길이 평탄하거나 험난할 때에 어찌 세속의 흐름에 따르지 않을 것을 기약할 수 있겠습니까? 족하의 이른바, "의리〔義〕와 이익〔利〕의 구분은 그 다투는 것이 털끝만큼의 차이에 불과하기 때문에, 조금이라도 정도正道에서 벗어나면 곧 개인의 사악함〔私邪〕이라고 할 수 있다"는 말은 진실로 나에게 약석藥石이 되니, 어찌 감히 그 선한 말을 공경하며 받아들여 저의 병통을 치료하지 않겠습니까? 족하의 말씀이 이에 이르니, 저에게는 참으로 다행입니다. 다만 저 또한 족하께 의심스러운 것이 있으므로 생각하는 것을 말하지 않을 수 없습니다.

족하의 이른바, "억지로 애를 써서 나에게 바라지 말라〔以有爲望我者〕"고 한 말은 진정으로 한 말입니까, 아니면 스스로 겸양한 말입니까? 만약 스스로를 겸양한 말이라면 괜찮겠지만, 진정으로 한 말이라고 한다면 어찌 남을 책망하는 데는 밝으면서 자기를 들여다보는 데에는 어둡습니까?[13] 대체로 도는 높고 멀어서 행하기가 어려운 것이 아니라, 다만 일상생활 속에 있을 뿐입니다. 일상생활에서 마땅히 행해야 할 것은 모두가 도입니다.《중용》에서 말하기를, "현재의 지위가 환난에 있으면 환난의 지위대로 행한다"라고 하였으니, 군자가 마땅히 그 현재의 지위대로 행할 것이 어찌 다만 이것뿐이겠습니까? 현재 아픈 처지에 있으면 또한 아픈 처지대로 행하고, 현재 근심하는 처지에 있으면 또한 근심하는 처지대로 행할 것이니, 군자는 어디서나 스스로 깨달아 얻지 않겠습니까?[14] 족하께서 이미 질병이 있고 존경하는 선생[15]의 오래 묵은 병이 영구히 낫지 않으니, 진실로 아무런 즐거움이 없겠지만, 다만 일상생활에서 때에 맞게 잘 처신하는 것이 곧 학문이니, 어찌 하루라도 방심하여 자만할 수 있겠습니까? 목숨이 아직 남아 있는 동안에는 공부할 것이 아닌 것이 없습니다. 만약 몸이 편안해지고 기운이 충만한 뒤에야 힘쓰려고 한다면, 이 마음을 나날이 잃게 될 것으로 보이니, 우산牛山의 나무가 도끼의 침해를 당하지 않을 수 있겠습니까?[16]

글을 읽는 한 가지 일은 다만 선을 밝히고 이치를 궁구하는 데 있을 뿐인데, 어찌 힘을 허비한 뒤에야 얻게 되겠습니까? 족하께서는 날마다 선생을 곁에 모시고 있으니, 어찌 들은 것이 없으며 또 아는 것이 없겠습니까? 들은 것을 높이고 아는 것을 행한다면 저는 족하께서 나날이 고명광대高明光大한 경지에 나아갈 것을 보증할 터인데, 어찌 오히려 자포자기하려고 하십니까? 밝은 거울도 능히 제 모습을 비출 수 없고, 용사勇士도 자신을 추천할 수 없는 것이니, 제가 만일 보았던 것이 있다면, 마땅히 족하께서는 숨기지 않았을 것입니다. 족하께서도 부지런히 가르쳐주어, "썩은 나무에는 아무것도 새길 수 없다"[17]고 하지 말아주십시오. 아! 어찌 우리 두 사람이 서로 절차탁마하는 것이 여기서 그칠 수 있겠습니까?

2. 성호원에게 답함 을축년(1565, 명종 20)

일전에 저녁때를 이용하여 백白 선생을 뵈러 갔었는데, 군君께서 우리 집에 왔다가 그냥 되돌아갔다니, 섭섭한 마음 금치 못하겠습니다. 다시 가서 보려고 하였으나, 서경署經〔사간원으로서 관원의 자격을 심사하는 일〕이 있어 군께서 다시 왕림하기를 바랐습니다. 이제 기약할 수 없다는 서신을 받으니, 더욱 안타깝습니다. 늦더라도 괜찮으니, 한 번 오셔서 만나는 것이 어떻겠습니까?

보내온 서신에서 저를 타이르고 깨우쳐주신 것에 대해 깊이 감사드립니다. 다만 문제만 제시하고 말해주시지 않으니, 도리어 미혹만 더해갑니다. 어찌 명백하게 제시해주시지 않았습니까? 이른바 '왜곡하여 부합하기를 구한다'는 것은 어떤 일을 말합니까? 제가 서울에 올라온 것을 그르다고 여기신 것입니까? 저는 본래 국왕을 섬기는 세신世臣이니, 임금께서 명령하시면 진실로 거절할 수 없습니다. 만약 이번에 온 것 때문에 〔저를〕 바로 세속에 따르는 벼슬아치로 간주하신다면 그릇된 것입니다.

처음부터 갑자기 이해할 수 없는 문제를 제기하시면 논의를 계속하기가 참으로 어렵습니다. 나는 이해를 따지는 것은 흉중에 누가 되지 않는다고 여겼지만, 부지불식간에 내가 이런 생각을 했는지는 잘 알지 못하겠습니다. 존엄한 《노론魯論》[18]의 설說이란 도대체 어떤 의론입니까? 이와 같은 종류의 말들이 의심을 자아낸다면, 서로 잘 아는 사이라도 더 이상 바랄 것이 없을 것입니다. 생각건대, 군께서는 필시 전하는 사람이 그릇되었다는 것을 알게 될 입니다. 나머지 말은 만나지 않으면 다하기가 어렵습니다.

3. 성호원에게 답함 정묘년(1567, 명종 22)

'지극히 선함〔至善〕'[19]과 '중中'[20]에 대한 학설에서는 우리들의 견해가 아직 귀일歸一하지 못했습니다. 나의 견해가 본래 정확하지 못하여 말도 명백하지 못한 까닭에 족하께 이런저런 의심을 일으키게 했습니다. 다만 선유의 설은 이것이 분명한 듯하니, 다른 뜻을 내어서는 안 될 것입니다. 옥계 노씨玉溪盧氏[21]가 말했습니다.

> 지극히 선함은 태극太極의 다른 명칭이며, 밝은 덕〔明德〕[22]의 본체이다. 하늘〔天〕에서 얻어 본연의 일정한 법칙이 있는 것은 지극히 선함의 본체이니, 곧 내 마음의 통체統體[23]가 되는 태극이다. 일상생활에 나타나서 각기 본연의 일정한 법칙이 있는 것은 지극히 선함의 작용이니, 곧 모든 사물이 각각 갖추고 있는 하나의 태극〔各具一太極〕이다.

이것으로 본다면 '지극히 선함'의 본체는 희로애락의 감정〔情〕이 아직 발현되지 않을 때의 중〔未發之中〕[24]이 아니겠습니까? '지극히 선함'의 작용은 사물이 자연적으로 지니는 '중中'이 아니겠습니까? 대개 '지극히 선함'의 본체는 곧 희로애락의 감정이 아직 발현되지 않을 때의 중中이며, 하늘이 명한 본성〔性〕이며, 그 작용은 곧 사물이 자연적으로 지니는 중中으로 본성에 따르는 도리〔道〕입니다. '지극히 선함에 머무르는 것〔止於至善〕'은 곧 때에 알맞게 적중하는 중〔時中之中〕으로서, 도리를 닦는 가르침〔修道之教〕입니다. '지극히 선함'에서 본성과 도를 나누지만, 가르칠 교教 자를 붙이지 않은 것은 지극히 선함은 오로지 바른 이치〔正理〕만을 가리키고, 인사人事를 겸하여 말하지 않은 까닭입니다. (오직 '지극히 선함에 머무른다'는 것은 곧 인사이고, 덕행德行입니다.) 중中 자를 본성, 도리, 그리고 교육〔教〕을 총망라해서 말한 것은, 중이란 것이 성정性情과 덕행을 겸하여 함께 말한 까닭입니다. (중은 두 가지 뜻이 있는데 성현이 중을 말한 것은 행行을 가리킨 곳이 많습니다.)

족하께서는 중을 곧바로 본체로 삼고 지극히 선함을 작용으로 삼았으니, 온당하지 못한 것 아닙니까? (대개 '바른 이치'와 덕행을 상대적으로 말하면, 바른 이치는 본체가 되고 덕행은 작용이 됩니다. 바른 이치는 곱자〔矩〕나 그림쇠〔規〕와 같고, 덕행은 곱자나 그림쇠를 사용하여 방형과 원형을 만드는 것과 서로 비슷합니다.)

또 족하께서는 '때에 알맞게 적중하는 중'을 '본성에 따르는 도리'라고 하셨는데, 이 또한 그릇된 것 같습니다. 때에 알맞게 적중하는 것은 도리를 닦는 것인데, 만약 이것을 본성에 따르는 도리라고 한다면 도리는 곧 사람으로 말미암아 있게 되는 것이니, 어찌 옳겠습니까? (《중용》의 첫머리 〈대문大文〉의 집주輯註를 자세히 보면 알 수 있습니다. 중이란 것은 본성의 덕이며 큰 근본이며, 화和란 것은 감정의 덕이며 천하의 공통된 도리이며, 때에 알맞게 적중한다는 것은 중과 화를 극진히 하며 큰 근본을 세우고 천하에 공통된 도리를 행하는 것이니, 털끝만큼이라도 어긋남이 있어서는 안 됩니다.)

또 희로애락의 감정이 아직 발현되지 않을 때의 중은 다만 이것이 내 마음의 통체인 하나의 태극이지만, 이를 문득 이치의 한 본원처인 '역易에 태극이 있다'[25]고 말할 때의 태극으로 말할 수는 없습니다. 족하의 이른바 "내 마음과 사물을 상대적으로 말한다면, 내 마음은 본체가 되고 사물은 작용이 된다"고 한 것은 매우 옳지만, 내 마음을 천도天道와 상대하여 말한다면 천도는 본체가 되고 내 마음은 작용이 되는 것입니다.

통체 중에도 본체와 작용이 있고, 〔사람과 사물이〕 각각 구비한 것에도 본체와 작용이 있습니다. '역에 태극이 있다'고 말할 때의 태극으로 본다면, 내 마음의 한 태극은 각각 구비한 것 중의 통체가 되며, '역에 태극이 있다'의 태극은 곧 통체 중의 통체가 됩니다. '역에 태극이 있다'의 태극은 〔비유하자면〕 물의 본원이며(지극히 선함과 중이 이로부터 나왔습니다) 내 마음 하나의 태극은 물이 우물에 있는 것이며, 지극히 선함의 본체는 곧 중의 본체입니다. 사물의 태극은 물이 그릇에 나누어져 있는 것입니다. (지극히 선함의 작용은 곧 중의 작용입니다. 만약 지극히 선함을 단지 그릇 속의 물로만 여긴다면, 이는 그 작용만 제시하고 그 본체는 빠뜨린 것입니다. 중을 단지 우물 속의 물로만 여긴다면 이는 그 본체만 잡고 그 작용에는 어두운 것입니다. 이 둘 모두가 도리를 이루지 못한 것입니다.)

만약 지극히 선함과 중이 실상은 같은데 가리킴이 다르다고 한다면(족하께서 실상은 같은데 가리키는 것은 다르다고 말한 것이 지극히 당연하겠지만, 다만 주된 뜻은 그렇지 않습니다) 지극히 선함은 곧 내 마음과 사물의 본연의 중中인데, 실상 같은 것입니다. (지극히 선함이란 마땅히 그러해야만 하는 법칙이니, 반드시 먼저 내 마음의 법칙을 보아야만 사물의 법칙을 알 수 있습니다. 만약 내 마음에 비록 법칙이 있다 하더라도 소중히 여기는 것이 사물에 있다면, 사물의 법칙이 오히려 무겁게 되며 내 마음의 법칙은 오히려 가벼워질 것입니다. 《대학》의 공부가 어찌 본체를 가볍게 여기고 작용을 무겁게 여기며, 안을 가볍게 여기고 밖을 무겁게 여기겠습니까? 천만부당하니, 다시 헤아려야 할 것입니다. 마음의 법칙이란, 바로 희로애락의 감정이 아직 발현되지 않았을 때의 중을 말하며, 어떻게 이것을 볼 수 있느냐 하면, 경敬[26]을 이루면 능히 이를 볼 수 있을 것입니다. 그러므로 정자程子는, "앎을 극진히 하고서도 경에 있지 않음이 없다"라고 하였습니다.) 오로지 바른 이치를 가리켜 말한 것이며(가리키는 것이 다른 곳) 중은 곧 치우치지 않고 기울지도 않으며, 지나치거나 모자람이 없는 바른 이치인데(실상이 같은 곳) 덕행을 아울러 가리켜 말한 것이니(가리킴이 다른 곳) 중용의 도리는 바로 지극히 선함이요, 중용의 행실은 바로 지극히 선함에 머무름이고, 중과 화는 바로 지극히 선함의 본체와 작용이며, 중과 화를 극진히 함은 바로 지극히 선함에 머무름입니다. (구절구절 미루어보면 서로 호응하지 않은 것이 없습니다.) 이와 같이 학설을 세우면 병통이 없을 것입니다.

족하께서는 전일에, "지극히 선함이 곧 중이라면, 단지 '지극히 선함'이라고만 말하던가, 아니면 '중'이라고만 말하면 충분할 것인데, 어찌 두 가지를 말할 필요가 있겠는가?"라고 말씀하셨습니다. 저는 그 말씀을 생각하여 이 학설을 얻은 것입니다. 중용의 도리는 지극히 미묘하여 초학자가 갑자기 들으면 자신의 역량으로 감당할 수 없기 때문에, 어떤 사람은 빗나가서 '명예를 가까이 하지 않으면서 형벌도 가깝게 하지 않는 학문'[27]에 빠져드는 경우도 있습니다. 이 때문에 성인聖人의 가르침은 반드시 먼저 지극히 선함을 목표로 하고 배우는 사람들로 하여금 사리의 당연한 극치[事理當然之極]를 지극히 선함으로 삼은 뒤에 중용에 나아가는 것을 깨닫게 하고, 지극히 선함이 곧 치우치지도 않고 기울지도 않으며 지나침과 모자람이 없는 도리라는 것을 알게 하면, 중을 고집하는 데에도 빠지지 않고 지나치거나 모자람으로 흐르지 않아 참으로 지극히 선함에 머무를 수 있는 것입니다. 이것은 비록 천박하고 고루한 소견일지라도 도리는 아마 이와 같을 것입니다.

적량공狄梁公의 일[28]은 제가 언제 절개를 잃었다고 말했습니까? 다만 몸을 굽혔다고 말했을 뿐입니다. 몸을 굽힌 것은 절개를 잃은 것과 차이가 있으며, 다만 바른 도리를 다하지 못한 것뿐입니다. 만약에 우리 임금이 아직 계시고 모후母

后가 망령된 행동을 하는데 주무씨周武氏[29]에게 몸을 굽힐 수 있다면, 한漢나라 헌제獻帝 때에도 조조曹操에게 몸을 굽힐 수 있다는 말입니까? 족하께서 적량공의 충성을 높이는 것은 옳지만, 신하의 바른 도리가 이보다 나아야 함이 없다고 한다면 잘못입니다. 적량공은 충신이지만, 바른 도리는 다하지 못했습니다. 《자치통감강목資治通鑑綱目》에 앞에서 "주周나라가 적아무개를 아무 벼슬로 삼았다"고 기술한 것은 그가 주나라를 섬겨 몸을 굽힌 일을 깎아내린 것이며, 뒤에서 그의 죽음을 기술할 때 주나라와 연관시키지 않은 것은 그가 당唐나라를 위하여 충성을 바친 일을 칭찬한 것입니다. 이처럼 깎아내리고 칭찬한 것이 진정한 중도中道를 이룬 것입니다.

대개 의로우면 충성스러움을 다할 수 있지만, 충성스럽다고 반드시 의로움을 다할 수는 없는 것이니, 자문子文[30]이 초楚나라에서 재상을 지낸 것을 충성스럽다고는 할 수 있지만, 초나라가 왕이라고 참칭僭稱하고 중국을 어지럽힌 일은 의롭다고 할 수 없을 것입니다. 적량공이 몸을 굽힌 것은 충성스럽다고 할 수 있지만, 주나라의 세력을 믿고서 당나라를 위한 것은 의롭고 바른 도리는 아닙니다. 그렇다면 바른 도리를 얻고자 하는 사람이라면 이런 때 어떻게 해야 마땅하겠습니까? 고종高宗[31]의 시대에는 천하에 도리가 없으므로 은둔해야 하고 출사할 수 없었습니다. 설혹 불행히 벼슬해서 기미를 보아 물러가지 못하여 무씨의 변을 당했다면, 마땅히 힘을 헤아려 의병을 일으켜 무후의 목을 벨 만하면 베고, 그렇게 할 수 없으면 벼슬을 버리고 물러가 산림에 자취를 숨겨야 할 것이니, 이것이 신하의 바른 의리〔正義〕입니다. 적량공은 그 사이를 왔다 갔다 하면서 사악한 무후에게 무릎을 꿇고, 사직社稷에 정성을 바쳐 다행히도 공로를 이루었습니다. 적량공의 충성은 대단하다고 할 수 있지만, 그 도는 이미 굽혀졌기 때문에, 공을 헤아리고 이익을 도모하여 한 자를 굽혀 여덟 자를 곧게 한 일[32]을 면치 못했습니다. 어찌 〔어떤 목적을〕 이루고자 하는 것 없이 이것을 했다고 할 수 있겠습니까? (이루고자 한 것이 없었다는 것은 그 공을 계산하지 않는 것입니다. 적량공은 분명히 사직의 공만 계산하고 도의 굽혀짐은 계산하지 않았으니, 이루고자 한 것이 없었다고는 할 수 없습니다.) 영무자甯武子가 몸을 굽히지 않은 것[33]과 견주어보았을 때, 같은 등급이라고 볼 수는 없는 것입니다.

족하께서 이른바, "의리의 분별은 관계되는 것이 매우 많다"고 한 것은 매우 옳은 말입니다. 적량공을 배워서 도달하지 못한 사람은 그 폐단이 풍도馮道[34]가 될 것이니, 어찌 크게 두렵지 않겠습니까? 무유서武攸緖의 일[35]은 족하께서 본 것이 옳습니다. 다만 차라리 무유서의 하기 쉬운 일은 할지라도, 적량공의 하기 어려운 일은 해서는 안 될 것입니다. (유교의 도리를 추구하는 자의 정론正論은 이렇지 않을 수 없습니다. 만약 세속의 선비로 본다면 적량공을 어찌 낮게 볼 수 있겠습니까?)

4. 성호원에게 답함

안자顔子[36]에 대하여 "털끝만큼 미진한 데가 있다"고 하는 학설에 대해 일반 사람들이 모두가 그르다고 여깁니다. 그러나 저만 홀로 그르지 않다고 여기는 것은 고의로 다른 이론을 세워 사람들을 이기는 것을 좋아해서 그런 것은 아닙니다. 진실로 저는 끝내 온당하지 못한 것이 있다고 생각하고 있기 때문에, 감히 굽혀서 여러 사람의 의견을 따르지 않을 뿐입니다.

안자와 성인〔공자孔子〕의 다름은 단지 '생각하는 것과 생각하지도 않는 것'과 '힘쓰는 것과 힘쓰지도 않고 자연스러운 것'에 있을 따름이며, 그들이 터득하고 알맞게 적중하는 것은 똑같습니다.[37] 이른바 '생각한다'는 것은 격물치지格物致知[38]가 아니면 무엇이겠습니까? 이른바 '힘쓴다'는 것은 성의정심誠意正心[39]이 아니면 무엇이겠습니까? 〔성인인 공자는 생각하지 않아도 터득할 수 있지만, 현인賢人인 안자는〕 사물이 도래할 때 아직 생각하지 않을 수 없으면, 반드시 생각해야만 터득할 수 있습니다. 오늘 이미 생각하여 터득했지만, 내일 사물이 도래할 때 또다시 생각해야 한다면, 격물치지의 공부를 이미 마쳤다고 할 수 있겠습니까? 오늘 이미 힘써 노력하여 중을 이루었는데, 내일도 힘써 노력해야 한다면, 성의정심의 공부를 이미 마쳤다고 할 수 있겠습니까?

이른바 '힘쓰기를 극진히 한다'는 것은 다만 인사人事에 힘쓰기를 극진히 하여 다시 덧붙일 것이 없다는 것이지, 성인聖人이 하늘과 같이 행동하면서 더 이상 인사에 베풀지 않는 것과는 같지 않습니다. 안자에게 남아 있는 찌꺼기〔渣滓〕는 뭇사람들의 찌꺼기와 같지 않습니다. '잘못을 두 번 다시 되풀이하지 않음'[40]은 두 번 잘못을 할 것이 없는 것만 못하며, 얼음이 녹고 추위가 풀리는 것은 녹고 풀릴 만한 얼음과 추위가 없는 것만 못하며, 가는 티끌이라도 필시 보이는 것은 보일 만한 티끌도 없는 것만 못합니다. 그러므로 안자는 성인과 비교할 때 아직 약간의 찌꺼기가 있는 것입니다.

격물치지와 성의정심은 진실로 배우는 사람이 해야 할 일이며, 또한 격물치지와 성의정심을 버리고 성인이 되기를 구할 수는 없습니다. 천지를 제자리에 있게 하여 만물을 기르는 일은 성인이 하는 일로 크게 신묘하여 헤아릴 수 없으나,[41] 그 실상은 학문의 지극한 공효에 불과할 따름입니다. 어찌 학문의 공효를 버리고, 따로 어떤 성인이 되는 도리만 구할 수 있겠습니까? 족하께서는 격물치지와 성의정심을 단연코 배우는 사람의 일로 간주하여 그것을 충분히 다한 것을 안자에게 돌리고, 성인은 격물치지와 성의정심을 하는 것 이외에서 구하고 계시니, 온당하겠습니까? 이는 곧 불교에서 형적을 없애고 범인과 성인을 초월하는 임시방편의 기략과 권모이며, 우리 유가儒家의 적실한 이론이 아닙니다. 성인을 낮추어 보는 것도 참으로 옳지 않지만, 성인을 고원高遠하고 황홀한 경지에서 구하는 것은 더욱더 옳지 않습니다.

어리석은 제가 생각하기에, 사물을 궁구함〔格物〕을 극진히 하고, 앎을 이루기〔致知〕를 극진히 하고, 의지를 성실하게 하기〔誠意〕를 극진히 하고, 마음을 바로잡기〔正心〕를 극진하게 한 이가 성인입니다. 사물을 궁구하고, 앎을 이루고, 의지를 성실하게 하고, 마음을 바로 잡음이 아직 극진한 데 이르지 못한 이는 군자君子입니다. 군자보다 높은 경지에 도달하여 성인에 가장 가까우면서도, 그 도달함에 아직 한 뼘이 모자라는 이가 안자입니다. 아직 격물치지를 못하여 격물치지를 하고자 하고, 아직 성의정심을 못하여 성의정심을 하고자 하는 이는 배우는 사람〔學者〕입니다. 성인은 생각하거나 힘쓰기를 기다리지 않고서도 자연히 격물치지와 성의정심을 이룹니다. 안자는 비록 생각하고 힘쓰기를 면하지 못하지만, 억지로 노력할 필요는 없었습니다. 배우는 사람은 고심하고 힘쓰기를 다하는 것을 면하지 못합니다. 대저 저는 생각하지 않아도 얻어지는 것을 앎〔知〕의 극치라 하고, 힘쓰지 않아도 도에 적중하는 것을 행行의 극치라 하였습니다. 족하께서는 "생각하여 얻는 것을 앎의 극치라 하고, 힘써서 도에 적중한 것을 행의 극치이다"라고 하면서 또 성인을 그 극치의 밖에서 구했습니다. 이 때문에 말만 많고, 더욱더 서로 부합하지 않습니다.

안자가 만약 그 극진한 데에 도달했다면, 성인은 그 극진한 것을 지나쳤기 때문에 중[42]이 아닐 것입니다. 성인이 만약 그 극진한 데에서 머물렀다면, 안자는 반드시 도달하지 못한 것이 있을 것입니다. 논쟁하는 것은 여기에 있으니, 어찌 여러 말을 더할 필요가 있겠습니까?

주자가 말하기를, "인심人心[43]의 '사사로운 욕심'이란 것은 뭇 사람들의 이른바 '사사로운 욕심'과 같지 않다. 단지 미미하지만 한 터럭만큼이라도 붙잡힌 의지와 생각〔意思〕이 있다면, 그것이 비록 본래는 도심道心[44]의 발현이라고 하더라도 마침내 인심의 경계를 떠나지 못한다. 이른바 인심으로 행동하면 망령됨이 있게 되는데, 안자가 선하지 않음이 있는 것은 바로 이 사이에 있다는 것이 그것이다. 이미 어긋남이 있다고 하면 사사로운 욕심이 아니고 무엇이겠는가? 모름지기 조금도 이러한 의지와 생각이 없이 자연적으로 넉넉하게〔從容〕 중에 맞아야만 드디어 순수한 도심이다"라고 하였습니다. 이상은 주자의 말입니다. 이 말을 깊이 음미하면, 마음이 바르게 되는〔正心〕 극진한 공부는 성인이 아니면 완성될 수 없습니다. 정자의 이른바, "안자는 마음이 거칠다"라는 말은 일반 사람들의 거친 마음을 이른 것이 아님을 알 수 있습니다. 제가 이른바 '안자는 미진한 것이 있다'고 한 말이 어찌 도리를 어지럽히는 설명이겠습니까?

5. 성호원에게 답함

'지극히 선함'과 '중'에 대한 논의는 합치했습니다. 그렇지만 아직 합치되지 않는 것은 족하의 생각에 "중은 다만 내 마음에만 있지, 사물에는 있지 않다"고 하신 것입니다. 정자께서 "각각의 사물에는 모두 자연의 중이 있다"고 하였는데, 족하께서는 공교롭게도 아직 이 구절을 보지 못하셨습니까?

'큰 근본'이란 중이 마음에 있는 것이며, '통달한 도〔達道〕'란 중이 사물에 있는 것입니다. 선유들은 "중은 정해진 실체〔定體〕가 없다"고 많이들 말씀하셨습니다. 그런데 만약 마음에 있는 것만을 중이라고 이른다면, '희로애락의 감정이 아직 발현하지 않았을 때의 중'은 실체가 일정한 것이니, 어찌 정해진 실체가 없다고 말할 수 있겠습니까? 예로부터 많은 성현들은 중의 작용〔用〕을 가리켜 '집중執中' 혹은 '시중時中'이라고 하여, 모두 '통달한 도'를 가리켰습니다. 그런데 자사子思가 '〔희로애락의 감정이〕 아직 발현하지 않았을 때의 중'을 《중용》에서 비로소 나타내셨기 때문에, 선유들이 '이전의 성인들이 아직 드러내 밝히지 못한 것을 확충시켰다'고 하셨습니다.

만약 족하의 말씀과 같다면, 예로부터 성현들이 말씀하신 '중'이란 것은 모두 희로애락의 감정이 '아직 발현되지 않았을 때의 중'을 가리키는 것입니까? 지극히 선함은 충분히 옳은 경지이고, '중' 또한 충분히 옳은 경지입니다. 명덕에 지극히 선함이 있으니, 명덕에 중이 있고, 신민新民에 지극히 선함이 있으니, 신민에 중이 있는데, 어찌 '중'이 없다고 말할 수 있겠습니까?[45]

제가 지난번에 보낸 서신에서 사물만 말하고 '일용日用' 두 글자는 빠뜨렸으니, 족하의 설이 옳습니다. 다만 이미 '사물'이라 한 데에는 '일용' 두 글자도 그 속에 있다고 할 것입니다. 족하께서는 '사물이라고 넓게 말하면, 내 마음도 사물 가운데 있지 않는가?'라고 염려하시지만, 이는 그렇지 않습니다. 하늘의 관점에서 사물을 본다면, 사람의 마음 또한 하나의 사물이라고 할 수 있습니다. 그렇지만 사람의 관점에서 사물을 본다면, 내 마음은 본래 내 마음이고 사물은 본래 사물이니, 다만 사물만을 말하면서 내 마음 역시 사물 가운데 있다고 말하는 것은 성립되지 않습니다.

족하께서는 "《대학장구大學章句》에서 '지극히 선함'을 해석하여 '하늘의 이치〔天理〕'라고 말하지 않고 '사물의 이치〔事理〕'라고 말했으며, 그 아래에 내 마음을 총괄한 것을 하늘의 이치라고 말하고 있다"라고 여겼습니다. 이것으로 그 명칭을 세운 뜻을 깊이 따져 논하셨는데, 자못 이해할 수 없습니다. 만약 족하의 말씀과 같다면, 하늘의 이치가 처음에는 내 마음에 있지 않다가, '지극히 선함에 머무르는' 경지에 도달한 이후에 비로소 하늘의 이치가 내 마음에 있게 된다는 것입니까? '사물의 이치'라는 것은 하늘의 이치가 사물에 있는 것을 총괄하여 말하는 것이므로, 문장을 생략하여 '사물의 이치'라 하였지만, 내 마음의 이치 또한 그 속에 있는 것입니다. 따라서 하늘의 이치와 사물의 이치를 마음에 있는 것과 사물에 있는 것으로 구별하여, 그 명칭을 정한 뜻을 추구할 수는 없을 것 같습니다.

하늘의 명령〔天命〕으로부터 본다면 명덕도 또한 하나의 사물이니, 명덕의 본체는 곧 지극히 선함의 본체이며, 희로애락의 감정이 아직 발현되지 않았을 때의 중이고, 명덕의 작용은 곧 지극히 선함의 작용이며, 희로애락의 감정이 '이미 발현된 중〔已發之中〕' 입니다. '명덕을 밝힌다'는 것은 곧 '큰 근본'을 세워 '통달한 도'를 행한다는 것입니다. 이와 같이 보아 나간다면, 어찌 분명히 알지 못하겠습니까?

'체통體統의 태극이 〔만물에〕 각각 갖추어져 있다'는 설은 족하의 설도 옳습니다. 다만 하늘의 명령〔天命〕과 본성은 각각 경계가 있으므로, 하나로 혼합해서는 안 됩니다. '시중'의 설은 나의 생각 또한 오로지 가르침〔教〕을 시중으로 삼는 것은 아니며, 다만 가르침 역시 시중이라고 말하였을 뿐입니다.[46]

'시중' 두 글자에 대해서는 선유들 가운데 '통달한 도'를 가리킨다고 말한 분도 있고, '통달한 도를 행하는 것'을 가리킨다고 말한 분도 계십니다. 지난번 서신에는 족하께서 오로지 통달한 도만을 시중으로 여기는 듯해 그렇게 말씀드렸는데, 이번에는 족하께서 오로지 '통달한 도를 행하는 것'만을 시중으로 생각한 것 같습니다. 주자는 시중을 해석한 장구章句에서, "중은 정해진 실체가 없고 때에 따라 중이 있을 따름이니, 이것이 곧 평상의 이치이다"[47]라고 말씀하셨습니다. 이는 '통달한 도'를 가리켜서 말한 것입니다. 주자는 이어서 말하기를, "군자는 이것이 나에게 있음을 알기 때문에 능히 보지 않을 때에도 조심하고, 듣지 않을 때에도 두려워하여(이것은 중을 극진하게 하는 것입니다) 어느 때에나 알맞지 않음이 없다(이것은 화和를 극진하게 하는 것입니다)"[48]고 하였으니, 이것은 '통달한 도를 행하는 것'을 가리켜서 말씀하신 것입니다. 통달한 도는 곧 시중의 도요, 이를 행하는 것은 곧 시중의 행위입니다. 군자로서 통달한 도를 행할 수 있는 이는 능히 큰 근본을 세우지 못하는 이가 없습니다. 그러므로 주자께서는 "반드시 그 본체가 정립한 이후에 작용이 행해지게 된다"[49]고 하셨습니다. 그렇다면 제가 "시중을 중과 화를 극진히 하는 것이다"라고 한 것 또한 지나친 말은 아닐 것입니다.

'《대학》을 먼저 읽고 난 이후에 《중용》을 읽는다'는 설은 족하께서만 주장하는 것이 아니라, 저 또한 지지하는 것입니다. 그러나 《중용》을 배우면 이단으로 흐르기 때문에, 《대학》을 세워 먼저 그것을 구제하라고 말한 것은 아니니, 족하께서는 이 말씀을 다시 취하여 천천히 음미해보는 것이 어떻겠습니까?

선유께서 말씀하기를, "중의 본체는 알기 어렵지만, 선의 단서는 확충하기 쉽다"고 하였습니다. 그러므로《중용》에는 하학下學의 공부를 논하면서는 반드시 선을 선택한다고 하고 중을 선택한다고 하지 않았으며,[50] 반드시 선을 밝힌다고 하고 중을 밝힌다고는 하지 않았으니,[51] 어찌 중의 본체가 알기 어렵다고 여긴 것이 아니겠습니까? 만일《대학》과《중용》이 각각의 도리를 밝히기만 하고 서로 아무런 관련이 없이 처음부터 앞뒤 차례대로 읽도록 의도된 것이 아니라면, 정자와 주자가 사람들에게 먼저《대학》을 읽으라고 가르친 것은 공자·증자曾子·자사의 뜻이 아닐 것입니다. 먼저《대학》을 읽어 격물치지에 종사하지 않으면서,《중용》을 앞질러 배워 위로 하늘의 이치를 통달하려고 한다면, 저는 그런 사람이 성인의 도를 잘 배우게 되리라고 보장할 수 없습니다.

족하께서는 제가 거리낌 없이 말한다고 책망하면서, 순경〔荀子〕까지 인용하시니, 놀라서 어찌할 줄 모르겠습니다. 비록 그렇다고 할지라도 학문으로 말한다면 저는 다행히 주자 뒤에 태어났으니, 필시 본성이 악하다〔性惡〕고 논의하지는 않을 것이며, 재주로 말한다면 불행히도 재주가 부족한 저는 비록 순경이 되고자 할지라도 될 수 없습니다. 그러니 족하께서는 제가 해이하고 게을러서 선을 행하지 못할까 봐 걱정해주시는 것은 좋으나, 제가 순경이 될까 봐 걱정하시지는 않으셔도 됩니다.

'도는 외롭다〔道孤〕'는 말은 진실로 보내온 서신의 내용과 같으니, 심히 유감스럽습니다. 다만 저는 벗으로서 강론하고 연마하여, 서로 모자람을 도와주거나 보태주는 것이 없음을 한스럽게 여길 뿐입니다, 감히 유학의 도리를 짊어지고 있는 사람이라고 자처하지 않습니다. "스스로 점검하라"는 말은 마땅히 가슴속에 새겨 종신토록 잊지 않겠습니다.

적량공의 일은 족하의 견해가 처음부터 끝까지 분명하지 못합니다. 구산龜山 양씨楊氏[52]의 이론은 사리를 깨우치도록 잘 타이르는 것들 중에 바른 사례 한 가지만을 지적해서 말한 것이지, 그 전체를 논구한 것은 아닙니다. 만약 전체를 논구한다면 적량공은 분명히 자신을 굽힌 것이니, 구산이 어찌 굽히지 않았다고 할 수 있겠습니까? 공자께서 말씀하기를, "장문중臧文仲은 어질지 못함이 세 가지이고, 지혜롭지 못함이 세 가지이다"[53]라고 하셨습니다. 또 말씀하기를, "자산子產은[54] 군자의 도가 네 가지 있다"[55]고 하셨습니다. 이런 말씀들은 모두 한 곳을 가리켜서 논한 것이지, 전체를 논한 것은 아닙니다. 만약 이 말씀에 한정해서 진실로 자산을 덕을 이룬 군자로 삼고, 장문중을 어질지 못하고 지혜롭지 못한 사람으로 간주한다면, 그 본뜻을 잃는 것이 아니겠습니까?

왕망王莽[56]이 한漢나라를 찬탈한 것과 측천무후가 황제라 자칭한 것은 같은 것입니다. 만약 왕망이 비록 황제라고 자칭했다고 하더라도 유자孺子 영嬰을 태자太子로 삼아, 마침내 유자 영에게 제위를 전했다면, 한나라의 여러 신하들은 마땅히 왕망을 한나라 황제처럼 섬기면서, 유자 영이 제위에 오르기를 기다려야 했겠습니까, 아니면 군사를 일으켜 제위에 오르지 말아야 할 자를 토벌해야 했겠습니까? 이러한 의리로 미루어본다면 알 수 있을 것입니다.

공자께서 말씀하시기를, "불인不仁을 미워하는 사람은, 그가 인仁을 행할 때에 불인한 것이 그 몸에 미치지 못하게 한다"[57]고 하셨습니다. 비록 불인을 미워하는 사람에게는 미칠 수 없다고 하더라도, 만약 부끄러움을 알고 자기 몸을 아낄 줄 아는 사람이라면, 필시 적량공이 되지는 않을 것입니다. 공자가 관중管仲의 공을 크게 여겨 그를 어질다고 칭찬한 것[58]이나, 선유들이 적량공의 공을 크게 여겨 그를 충직하다고 인정한 것은 뜻이 같은 것입니다.

제가 적량공을 이와 같이 거듭 논평한 것은, 비록 적량공이 행적은 굽혔지만 마음만은 정직했기 때문에, 후세 사람들이 그의 행적만 본받고 마음을 배우지 않게 된다면, 절개를 잃어버린 사람이 될까 염려했기 때문입니다. 만약 적량공의 마음을 취할 수 없다면 곧 양웅揚雄[59]이 되는 것이니, 어찌 말할 대상이나 되겠습니까? 족하께서는 그 마음을 취하면서 아울러 그 행적까지 인정하려고 하시니, 너무 지나치지 않습니까? 마음과 행적이 같지 않다면 이미 유학의 도를 추구하는 자〔儒者〕가 아닌 것입니다.

제가 감히 전대의 현인을 업신여겨 이런 말씀을 드리는 것은 아닙니다. 의리에 관한 의론은 모호하거나 명확하지 않을 수 없습니다. 이미 유학의 도를 추구하는 자가 아니면서 행적을 굽힘이 이와 같았다면, 족하의 이른바 '신하의 바른 도리'라는 말은 지나치지 않을 것입니다. 정자가 말하기를, "신하의 의리는 마땅히 왕릉王陵[60]을 바른 도리로 삼아야 한다"라고 하였으니, 왕릉과 같은 이는 비록 유학의 도를 추구하는 자는 아니었다고 하더라도, 행적을 굽힌 사람은 아닙니다.

6. 성호원에게 답함 경오년(1570, 선조 3)

일전에 도성에 들어갔을 때 공교롭게도 서로 어긋나서, 함께 자리하여 좋은 이야기를 나누지 못했습니다. 뒤에 생각하니 낙담이 됩니다. 지금 보내주신 서신을 받아 보니 가르쳐 주신 말씀이 간절하여, 두터이 베풀어 주신 그 인정에 깊이 감사합니다. 또한 저의 급박한 사정을 헤아려 도와주신 은혜 더욱 감사합니다. 보내주신 보리는 후에 마땅히 가지고 올 계획입니다.

일의 형세가 자못 역경에 처하여, 이곳에서 저의 행동거지가 다른 사람들의 구설수에 오른 일이 적지 않으며, 벗 중에서도 서로 이해하지 못하는 사람이 많으니, 이 또한 운명입니다. 예로부터 관직을 쉬는 사람은 반드시 물러나 돌아갈 곳이 있는데 저는 서울에 있는 집 외에는 돌아갈 곳이 없습니다. 물러나 돌아간다면 마땅히 처자와 함께 가야할 터인데 저는 아내와 첩이 뿔뿔이 흩어져 있습니다. 제사가 가장 중대한 일인데도, 저는 제사 지낼 만한 밑천이 없습니다. 한 대그릇의 밥과 표주박으로 물 마시는 것〔簞食瓢飮〕[61]으로도 즐거워할 수 있는데, 저는 반 이랑의 밭도 없습니다. 이 몇 가지 일의 형세가 저를 지극히 어렵게 만드는 것들입니다. 반드시 권도權道[62]로써 잘 처리하는 방법이 있을 것인데, 저를 대하는 사람들은 모두 정해한 상규常規만을 고집하여 서로 책망하니, 당연히 하자가 겹겹이 나타날 것입니다.

지난번에 송운장宋雲長[63]을 만나니, 벗의 말을 전하면서, "이이는 처자에게 너무 얽매여 있는 것이 허물이다"라고 하셨다던데, 이 말이 정말 사실입니까? 만약 그렇다면 벗의 견해는 고결한 데에 치우친 것이지, '중정中正의 도'는 아닐 것입니다. 대저 처자에게 얽매여서 예의에 어긋나게 만종萬鍾의 봉록을 받는다면 진실로 그르다고 할 수 있겠지만, 처자를 버리고 자기 몸만 홀로 깨끗하게 한다면 이것이 과연 바른 일이라고 할 수 있겠습니까?

송운장과 이경로李景魯[64] 또한 "이이는 세속의 흐름을 역행하여 관직을 쉬고 있다"고 말했다면, 이 말 또한 너무 넘겨짚는 말로 저의 본뜻을 이해하지 못하는 것입니다. 제가 과거에 응시하여 벼슬을 구한 것은 본래 녹을 받기 위한 것이었는데, 중간에 명성이 지나쳐 청반淸班[65]에 잘못 드는 바람에, 마음과 일이 서로 어긋나고 세상과 모순이 생겨 앞으로 향하는 길이 가시밭길처럼 험난하고 막혀서 아무런 즐거움이 없었습니다. 그러던 가운데 조모祖母의 병으로 말미암아 잠시 관직을 떠나 낙향하여 한가롭게 있던 와중에 《논어》를 찾아 읽으니, 제가 학문이 부족하면서도 외람되이 도리를 행하는 직책에 있다는 반성을 하게 되고 깨달음도 얻게 되어, 하루도 그 자리에 있을 수 없었던 것입니다. 그래서 높은 자리를 사양하고 낮은 자리에 있을 계획을 하여, 비로소 대관臺官[66]과 강관講官[67]을 사양하면서 병을 핑계로 직책을 바꿔주기를 강구하였으나, 실상을 아뢸 수 없어 지난겨울에 상소를 올려 관직에서 해임되기를 원하였습니다. 그러나 윤허를 얻지 못하고, 또 병으로 직책을 바꾸었다가 다시 병조정랑兵曹正郎[68]을 버리고 돌아왔습니다.

저의 본뜻은 다만 도를 행하는 직책만 사양하는 것일 뿐, 벼슬을 그만두고 영원히 돌아가서 봉록을 받기 위한 벼슬까지도 버린다는 벗의 견해와는 같지 않습니다. 또한 전혀 반성이나 깨달음 없이 우연히 관직을 사임했다는 송운장과 이경로의 견해와도 같지 않습니다. 맹자孟子께서 말씀하시기를, "조정에 들어가 벼슬하여도 도가 행해지지 않으면 부끄러운 것이다"[69]라고 하셨습니다. 저와 같은 사람은 아무런 도리도 행할 수가 없었으니, 이는 심히 부끄러운 일이었습니다. 만약 하나의 읍이나, 하나의 군에서 제가 공부한 것을 조금이나마 시행할 수 있다면 저는 사양하지 않겠습니다. 또 물러나 돌아온 뒤에 임금의 부르심을 받아 한 번 왔을 뿐이지, 어찌 여러 번 왔겠습니까? 상소를 세 번이나 올리게 된 것은 다만 관직에서 해임되기를 원했을 뿐이며, 임금께 바라는 무언가가 있었던 것이 아닙니다. 이것이 어찌 '교분은 얕으면서 말은 깊다'는 것의 예가 되겠습니까?

주자가 초년에 사직한 것 또한 병을 핑계로 삼았던 것은 아닙니다. 더구나 주자가 맡았던 관직은 모두 긴요하지 않은 직책으로, 저와 같은 시종侍從의 중요한 관직이 아니었습니다. 제가 상소에서 실정을 다 진술하지 않고 매양 병을 핑계로 사직했다면, 아마 군신의 의리를 다하지 않은 것이 있었을 것이며, 세속의 호도하는 견해가 타당할 것입니다. 다만 저의 상소가 올라가면 도리어 분수에 넘치는 은명恩命(임금이 관리를 임명하는 은혜로운 명령)을 입게 되니, 두려워서 몸 둘 바를 알지 못하겠습니다. 그런 까닭에 병을 아뢰었으나 곧바로 사직하지 못하고, 애써 한 달이 지나서 임금을 한 번 알현한 뒤에 관직을 사임하고 돌아갈 것을 계획하니, '닭을 잡고 기장밥을 지어 대접하겠다'는 약속은 어쩔 수 없이 9월이 되어서야 지키게 되겠습니다.

대저 사람을 관찰하는 것은 매우 어려우니, 한 번 억누르고 한 번 추켜세우는 것은 경솔히 할 수 없는 것입니다. 벗이 전날에 저를 너무 높이 보았기 때문에 의심 또한 너무 지나치니, 모두 중용의 도가 아닙니다. 마음속의 사사로운 욕심을 없애고, 이치를 살펴서 사물의 마땅함을 헤아린다면, 사람을 관찰하는 데도 실수하지 않을 것입니다. '격물치지'의 공부 또한 여기에 있을 것입니다.

7. 성호원에게 답함 임신년(1572, 선조 5)

성현들의 말씀은 어떤 때에는 가로〔橫〕로 논의하기도 하고 세로〔竪〕로 논의하기도 하는데, 각기 지시하는 것이 있습니다.[70] 그러므로 세로로 논의한 것을 가로에 맞추려 하거나, 가로로 논의한 것을 세로에 부합시키려 한다면 그 취지를 잃을 수도 있습니다.

마음은 하나인데 '도심'이라고도 하고 '인심'이라고도 하는 것은 '성명性命과 형기形氣'[71]가 구별되기 때문입니다. 감정은 하나인데 사단四端[72]이라고도 하고 칠정七情[73]이라고도 하는 것은 오로지 이치만을 말한 것과 기운을 겸하여 말한 것이 다르기 때문입니다. 그러므로 인심과 도심은 서로 겸할 수 없고, 서로 처음과 끝이 됩니다〔人心道心相爲終始〕.[74] 사단은 칠정을 아우를 수 없으나, 칠정은 사단을 아우를 수 있습니다.[75] "도심은 은미하고 인심은 위태롭다"[76]는 구절에 대해서는 주자의 설명이 극진합니다.[77] 사단은 칠정처럼 〔감정 전체를 포괄하지 않는다는 의미에서〕 완전히 갖추지는 않았지만, 칠정은 〔수수하게 선한〕 사단처럼 순수하지는 못하다[78]는 것이 저의 견해입니다.

'인심과 도심이 서로 처음과 끝이 된다는 것'이 말하는 바는 다음과 같습니다. 가령 사람의 마음이 '성명의 올바름'에서 곧바로 나왔다 하더라도 때때로 그 올바름에 순순히 따라 선을 이루지 못하고, 사사로운 의지〔私意〕가 뒤섞이게 되면, 시작은 도심이었으나 끝은 인심으로 마치게 되는 것입니다. 이와 반대로 사람의 마음이 형기에서 나왔다고 하더라도 바른 이치에 위배되지 않으면 진실로 도심에 어긋나지 않을 것이며, 혹 바른 이치에 위배되더라도 잘못되었다는 것을 알고 제재하여 그 욕심에 따르지 않으면, 이는 시작은 인심이었으나 끝에는 도심으로 마치게 되는 것입니다.

인심과 도심은 감정과 의지를 겸하여 말하는 것이니, 감정만을 가리키는 것이 아닙니다. 칠정은 사람 마음의 움직임에 일곱 가지가 있다는 것을 통칭한 것이며, 사단은 칠정 가운데에 선한 일변一邊만을 가려서 말하는 것이니, 이는 본래 인심과 도심처럼 서로 대립시켜 말한 것과는 같지 않습니다. 또한 감정은 마음이 발동하여 나온 그대로이고, 헤아리거나 비교하는〔計較〕 데까지는 이르지 않은 것이니,[79] 이는 또한 인심과 도심이 서로 처음과 끝이 되는 관계와는 다릅니다. 그러니 어찌 억지로 다른 것에 맞출 수 있겠습니까? 이제 만일 양변兩邊으로 말하려 한다면 마땅히 인심과 도심의 설을 좇아야 할 것이고, 선한 일변만을 말하려 한다면 마땅히 사단의 설을 좇아야 할 것이며, 선악을 함께 말하려고 한다면 칠정의 설을 좇아야 할 것이니, 굳이 네모난 촉꽂이를 둥근 구멍에 넣는 것처럼 분분하게 입론할 필요는 없습니다.

사단과 칠정은 곧 본연지성本然之性과 기질지성氣質之性의 관계와 같습니다.[80] 본연지성은 기질을 겸하지 않고 〔순수한 이치만을〕 말한 것이며, 기질지성은 오히려 본연지성을 겸한 것입니다.[81] 그러므로 사단은 칠정을 겸할 수 없으나 칠정은 사단을 겸하는 것입니다. 주자의 이른바 "이치에서 발동하고, 기운에서 발동한다"[82]는 것은 단지 대강만을 설명한 것인데, 후대의 사람들이 지나치게 〔이치의 발동과 기운의 발동으로〕 나누어 전개할 줄이야 어찌 알았겠습니까? 배우는 이들은 본래 취지를 살려 잘 살펴보는 것이 옳을 것입니다.

또 퇴계 선생은 이미 선을 사단에 귀속시켰으면서도 말씀하기를, "칠정 또한 선하지 않음이 없다"[83]고 하였습니다. 만약 그렇다면 사단 외에도 선한 감정이 있는 것이니, 이 감정은 어디서부터 발동한 것입니까? 맹자는 그 대강만을 제시했기 때문에 측은惻隱, 수오羞惡, 공경恭敬, 시비是非만을 말하였고, 그 외에 선한 감정이 사단이 되는 것은 배우는 자가 마땅히 미루어 알아야 할 것입니다. 사람의 감정이 어찌 인仁, 의義, 예禮, 지智의 본성에 근본을 두지 않고 선할 수 있겠습니까? (이 한 단락은 깊이 연구하고 정밀하게 생각하여야 합니다.) 선한 감정으로 이미 사단이 있는데, 사단 외에 선한 감정이 또 있다고 한다면, 이는 사람의 마음에 두 근본이 있다고 말하는 것이 되니, 타당하겠습니까?

대저 〔마음이〕 '아직 발동되지 않는 상태는 본성이고, 이미 발동된 상태는 감정이며, 발동하여 헤아리고 생각하는 것은 의지이니, 마음은 본성과 감정과 의지를 주재하는 것입니다. 그러므로 아직 발동하지 않음, 이미 발동함, 그리고 비교하고 헤아리는 것을 모두 마음이라고 할 수 있습니다. 발동하는 것은 기운이고 발동하는 까닭은 이치입니다. 발동하는 마음이 올바른 이치에서 곧바로 나오고 기운이 용사用事〔장악하여 처리〕하지 않았다면 이는 도심이니, 칠정 가운데 선한 일변이고, 발동할 즈음에 기운이 이미 용사했다면 인심이니, 선과 악이 합해진 칠정입니다.

기운이 용사함을 알고 정밀하게 살펴 바른 이치를 따른다면 인심이 도심의 명령을 들을 것입니다. 정밀하게 살피지 못하여 오직 마음이 향하는 대로 방치한다면 감정이 지나치고 사욕이 성대해져서, 인심은 더욱 위태로워지고 도심은 더욱 은미해질 것입니다. 정밀하게 살피는 것과 살피지 않는 것은 모두 의지가 하는 것이므로 스스로 닦는 데에는 의지를 성실하게 하는 것보다 우선하는 것은 없습니다.

만약 '사단은 이치가 발동할 때에 기운이 따르고, 칠정은 기운이 발동할 때에 이치가 탄다'[84]고 한다면, 이는 이치와 기운이라는 두 물건이 앞서기도 하고 뒤서기도 하고, 서로 대립되어 두 갈래로 제각기 나오는 것이 됩니다. 그렇다면 사람의 마음에 두 가지 근본이 있다는 것이 됩니다. 감정은 비록 수만 가지라 하더라도, 그 어느 것인들 이치에서 발현하지 않은 것이 있겠습니까? 오직 그 기운이 가려서 용사하기도 하고, 가리지 않고 이치의 명령을 듣기도 하므로 선과 악의 차이가 있습니다. 이것을 깊이 체득하여 깨닫는다면 거의 알 수 있을 것입니다. 별지에 쓴 말씀은 대개 맞는 말입니다. 다만 이른바 "사단과 칠정은 본성에서 발현하고, 인심과 도심은 마음에서 발현한다"는 말은 마음과 본성을 두 갈래로 보는 병통이 있는 듯합니다. 본성은 마음 가운데의 이치이고, 마음은 본성을 담고 있는 그릇이니, 어찌 본성에서 발현하는 것과 마음에서 발현하는 것이 따로 있겠습니까? 인심과 도심은 모두 본성에서 발현하는데, 기운에 가려진 것은 인심이고, 기운에 가려지지 않은 것은 도심입니다.

-〔우계가〕 질문해온 편지를 덧붙임〔附問書〕[85]

장마가 그치지 않고 있습니다. 도황道況께서는 맑고 화평하신지요?[86] 삼가 우러러보는 마음 그지없습니다.

지난번에 언급한 별지에 대하여 회답해주시기 바랍니다. 《성학십도聖學十圖》의 〈심성정도心性情圖〉[87]에서 퇴계의 입론을 보면, 중간의 한 부분에 다음과 같이 말하고 있습니다.

> 사단의 감정은 이치가 발동함에 기운이 따른 것(理發而氣隨之)으로 본래 순수하게 선하고 악이 없다. 이치가 발동하여 그대로 이루어지지 못하고 반드시 기운에 가려진 뒤에야 방탕하게 흘러가서 선하지 않음이 있게 된다. 그리고 칠정은 기운이 발동함에 이치가 기운에 탄 것(氣發而理乘之)이다. 이 또한 선하지 않음이 없으나, 만약 기운이 발동하여 절도에 맞지 않아서 이치를 사멸하게 되면 방종하여 악이 된다.[88]

이 논의를 미루어 논구해보면, 이치의 발동과 기운의 발동에서 당초에는 모두 선하지 않음이 없고, 기운이 절도에 맞지 않았을 때 비로소 악으로 흐른다고 말한 것입니다. 인심과 도심의 말이 이미 저와 같이 '이치의 발동'과 '기운의 발동'으로 나누어졌고, 예로부터 성현들이 모두 이렇게 주장해왔습니다. 따라서 퇴계의 입론은 자연스러워 과오가 없다고 하겠습니다. 다시 바라건대, 이에 대하여 힘을 다해 토론하여 뜻을 극진히 하고 세세히 살펴 우둔한 저의 의혹을 해소해주시기를 간절히 빕니다.

마음의 허령지각虛靈知覺[89]은 하나일 따름인데, 인심과 도심이라는 두 가지 명목이 있는 것은 무엇 때문이겠습니까? 그것은 혹 마음이 형기의 사사로움에서 생기기도 하고〔或生於形氣之私〕, 혹 성명의 바른 데에 근원을 두기도 하여〔或原於性命之正〕, 이치와 기운의 발동함이 같지 않고, 〔인심의〕 위태롭고 〔도심의〕 은미한 현상이 각각 다르기 때문에 명목을 둘로 하지 않을 수 없는 것입니다. 그렇다면 〔인심과 도심은〕 이른바 사단과 칠정과 같은 것 아닙니까?

그러나 도심을 사단이라 하는 것은 옳지만, 인심을 칠정이라 하는 것은 옳지 못합니다. 또 사단과 칠정은 본성에서 발동한 것을 가지고 말한 것이며, 인심과 도심은 마음에서 발동한 것을 가지고 말한 것이니, 그 명목과 의미 간에는 약간의 차이가 있을 듯합니다. 바라건대, 한마디 말씀으로 바른 뜻을 밝혀주시는 것이 어떻겠습니까?

인심과 도심의 발현은 근본 내력에서부터 기운을 위주로 한 것〔主氣〕과 이치를 위주로 한 것〔主理〕의 차이가 있습니다. 그래서 여러 이론이 없던 요순시대에 이미 이러한 학설이 있었고, 성현들의 종지宗旨가 모두 두 가지로 나뉘어 있습니다. 그러니 사단과 칠정의 도안을 만들면서 이치에서 발동한다거나, 기운에서 발동한다고 하는 것이 어찌 옳지 않겠습니까? '이치와 기운의 상호 발동설〔互發說〕'은 바로 천하의 정해진 이치이며, 따라서 퇴계의 견해 역시 정당한 것이 아니겠습니까?

그러나 '기운이 이치에 따른다〔氣隨之〕'거나 '이치가 기운에 탄다〔理乘之〕'는 말은 너무 장황하게 끌어대어 명목과 사리에 맞지 않는 듯합니다. 어리석은 저의 생각에는, 사단과 칠정을 비교해서 말한다면, '사단은 이치에서 발현하고, 칠정은 기운에서 발현한다'고 하는 것이 옳은 듯합니다. 그러나 〈성정도〉를 만들 때에는 두 가지로 나누어서는 안 되고 다만 사단과 칠정을 함께 감정의 권내에 두고서, '사단은 칠정 가운데 이치의 일변이 발동한 것만을 가리켜 말한 것이고, 칠정 중에 절도에 맞지 않는 것은 기운이 과도하거나 미치지 못하여 악으로 흐른 것이다'라고 한다면, 이치의 발동과 기운의 발동에 혼동되지 않으며, 또한 두 갈래로 나누어질 염려를 하지 않아도 되지 않겠습니까? 자세히 연구하여 알려주시기를 아울러 빕니다.

8. 성호원에게 답함

마음이 아직 발동하지 않은 본체에서도 선과 악을 말할 수 있다는 견해는 매우 잘못된 것입니다. 희로애락의 감정이 아직 발동하지 않은 상태를 '중'이라고 합니다. 중은 천하의 큰 근본이니, 어찌 선과 악이 있다고 말할 수 있겠습니까? 일반 사람들의 마음은 필시 어둡거나 혼란스러워 큰 근본을 정립하지 못합니다. 그러므로 '중'이라고 말할 수 없습니다. 그러나 다행히 한순간이라도 가끔 발동하지 않을 때가 있습니다. 이렇게 아직 발동되지 않은 마음의 온전한 본체는 매우 맑아서 성인과 다르지 않습니다. 다만 순식간에 다시 그 본체를 잃어버려 어둡게 되고 혼란에 빠지기 때문에, 중을 얻지 못하게 되는 것입니다. 마음이 어둡게 되고 혼란에 빠지는 까닭은 기질의 구애를 받기 때문입니다. 만약 '기질의 구애를 받아 그 큰 근본을 정립할 수 없다'고 한다면 옳지만, '아직 발현되지 않을 때에도 악의 맹아와 조짐이 있다'고 한다면 아주 잘못된 것입니다. 마음이 어둡고 혼란에 빠진 것을 두고 '아직 발동하지 않았다'고 말할 수는 없기 때문입니다.

선악의 감정은 외적 사물에 감응하여 움직이지 않는 것이 없다. 다만 그 감응함에 올바름과 사악함이 있으며, 그 움직임에 알맞음(中)과 지나침 혹은 모자람이 있는데, 여기에서 선과 악의 구분이 있게 된다.

본성은 이치이므로 아직 발현되지 않았을 때에는 본래 선하지 않음이 없다. 기질은 깨끗함과 혼탁함, 순수함과 잡박함이 있어 모두가 같지 않다. 본성이 발동하여 감정이 되는데, 감정에는 선한 것과 악한 것이 있다.

(감정 가운데) 선한 것은 희로애구애오욕喜怒哀懼愛惡欲(기쁨·노여움·슬픔·두려움·좋아함·미워함·욕망함)이 인仁의 단서가 되고, 의義의 단서

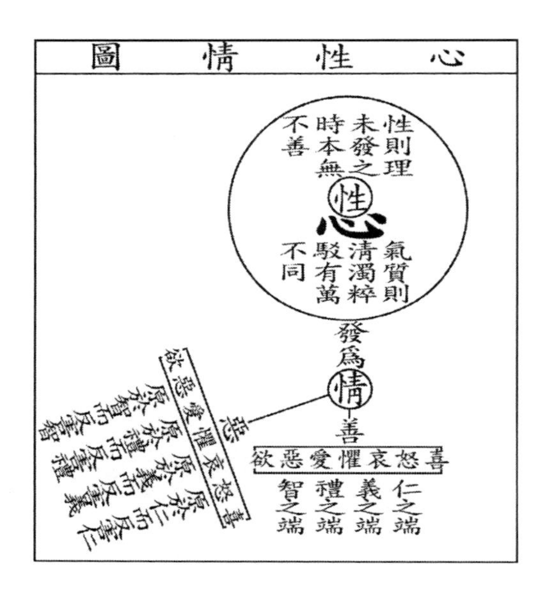

가 되고, 예禮의 단서가 되고, 지智의 단서가 된다.

이것은 감정이 발현될 때에 형기에 가려지지 않고 본성의 본연을 그대로 이루었으므로 선하여 절도에 알맞은 것이니, 인의예지의 단서가 됨을 볼 수 있다. 본성의 본연 그대로가 곧바로 발동하였으므로 바로 내려 쓴 것이다.

악한 것은 희로애구애오욕의 감정이 본래 인에서 나왔으나 도리어 인을 해치고, 본래 의에서 나왔으나 도리어 의를 해치고, 본래 예에서 나왔으나 도리어 예를 해치고, 본래 지智에서 나왔으나 도리어 지를 해친다.

이것은 감정이 발동할 적에 형체와 기운에 가리어져 본성의 본연을 잃어버린 것이다. 그러므로 악하여 절도에 맞지 않으므로 인의예지의 단서가 됨을 볼 수 없다. 본성의 본연과 빗나가서 발동하기 때문에 옆으로 비스듬히 쓴 것이다.

정자가 이르기를, "사람은 태어나면서 기운을 품부 받았으므로 이치에 선과 악이 있게 되었다"[90]고 하였습니다. 이는 사람들에게 매우 절실하게 여덟 글자로 깨우쳐주는 것입니다. 여기서 말하는 '이치'란 '기운을 타고 흘러 움직이는〔流行〕[91] 이치'를 지칭하는 것이지, '이치의 본연'을 지칭하는 것은 아닙니다.

본연의 이치는 참으로 순수하게 선하지만, 기운을 타고 흘러 움직일 때에 이치의 나타남은 만 갈래로 다르고, 기운을 타고남으로써 선과 악이 있게 되기 때문에 이치 역시 선과 악이 있습니다. 이치의 본연은 순수하게 선할 뿐이지만, 기운에 탔을 때에는 고르지도 가지런하지도 않습니다. 따라서 맑고 깨끗하여 지극히 귀한 물건이나 지저분하고 더러워 지극히 천한 곳에도 이치는 존재하지 않는 데가 없습니다. 그런데 맑고 깨끗한 물건에 있으면 이치 또한 맑고 깨끗하며, 지저분하고 더러운 곳에 있으면 이치 또한 지저분하고 더러워집니다. 여기에서 만약 지저분하고 더러운 것을 '이치의 본연이 아니다'라고 말한다면 옳지만, '지저분하고 더러운 곳에는 이치가 없다'고 말한다면 옳지 않습니다.

본연이란 이치가 하나〔理一〕인 것을 말하며, 흘러 움직임이란 나타남에 있어 다른 것〔分殊〕을 말합니다.[92]

흘러 움직임의 이치를 버리고 따로 본연의 이치를 구하는 것도 진실로 옳지 않습니다만, 만약 이치에 선과 악이 있는 것을 이치의 본연이라고 한다면 이 역시 옳지 않습니다. '이일분수理一分殊' 네 글자를 가장 잘 체득하여 깨닫고 연구해야 할 것입니다. 단지 '이일〔이치가 하나임〕'만 알고 '분수〔나타남에 있어서 다름〕'를 알지 못한다면 이는 불교에서 작용을 본성이라고 생각하여 제멋대로 방자한 것과 같습니다. 그리고 단지 분수만 알고 '이일'을 알지 못한다면 순자가 "본성은 악하다"고 말하는 것, 혹은 양웅이 "본성에 선과 악이 뒤섞여 있다"고 말하는 것과 같습니다.

지난번 서신에서 "마음이 아직 발동되지 않았을 때에도 선하지 않음의 싹과 조짐이 있다"고 말한 것은 다시 생각해보아도, 더욱 큰 착오임을 알겠습니다. 형께서 큰 근본을 알지 못하는 병통의 근원이 바로 여기에 있습니다. '아직 발동되지 않음'은 본성의 본연이고, 태극의 묘妙이며, 중이고, 그리고 큰 근본입니다. 여기에도 선하지 않음의 싹과 조짐이 있다고 한다면, 이는 성인만이 큰 근본이 있고 보통 사람들은 큰 근본이 없는 것이 됩니다. 이렇게 되면 맹자의 성선설性善說도 공허한 고담高談이 되어 사람들이 요堯·순舜과 같은 성인이 될 수 없을 것입니다. 자사는 어찌하여 "군자가 희로애락의 감정을 아직 발현하지 않은 상태를 중이라 한다"고 말하지 않고, 범범하게 "희로애락〔감정〕이 아직 발동되지 않은 것을 중이라 한다"[93]고 말하였겠습니까. 천만부당하니 마땅히 빨리 고치셔야 합니다.

이상에서 논한 것은 간혹 선현들이 아직 밝혀 드러내지 못한 것이 있습니다. 형을 만나지 못했다면 변론이 여기에까지 이르기가 쉽지 않았을 것입니다. 여기에서 서로의 의견이 부합한다면 다른 것도 모두 부합하지 않는 것이 없을 것입니다. 지금 세상에서 이른바 학자들 중에 어찌 총명하고 재주 있는 사람들이 없겠습니까만 이 사안을 말할 수 있는 사람은 별로 흔하게 보지 못했으며, 이 논의를 보고 괴이하게 여겨 웃지 않을 사람도 거의 없을 것입니다.

9. 성호원에게 답함 임신년(1572, 선조5)

며칠이 지났습니다. 그동안 도황은 어떻습니까?[94] 지난번에 말씀드린 마음, 본성, 감정에 관한 설명에서 저는 상세하게 모두 말씀드렸다고 생각했는데, 보내신 서신을 보니 아직 합치되지 않는 의견도 많습니다. 여러 번 반복하여 거듭 읽어보니 안타까운 마음 금할 길이 없습니다.

형께서 학문에 뜻을 둔 20여 년 동안 성현의 글을 읽었겠지만, 아직도 마음과 본성, 그리고 감정에 대한 적실한 견해가 없는 것은 아마도 이치와 기운에 대해 아직 투철하지 못하여 그런 것 같습니다. 이제 이치와 기운을 설명하겠으니, 물리치지 마시기 바랍니다.

대저 이치란 기운의 주재이고 기운이란 이치가 타는 것이니, 이치가 아니면 기운이 근거할 데가 없고 기운이 아니면 이치가 의착依着할 데가 없습니다. 이치와 기운은 이미 두 물건이 아닐 뿐만 아니라, 또한 한 물건도 아닙니다. 한 물건이 아니기 때문에 하나이면서 둘이며, 두 물건이 아니기 때문에 둘이면서 하나인 것입니다.

'한 물건이 아니다'라는 것은 무슨 뜻이겠습니까? 이치와 기운은 비록 서로 떨어지지는 않지만 오묘하게 합해 있는 가운데, 이치는 본래 이치이고 기운은 본래 기운이어서, 서로 뒤섞이지 않으므로 한 물건이 아니라고 말합니다.

'두 물건이 아니다'는 것은 무슨 뜻이겠습니까? 비록 이치는 본래 이치이고 기운은 본래 기운이라고 하더라도, 뒤섞여 간극이 없고, 선후와 이합이 없어 두 물건이 되는 것을 볼 수 없기 때문에 두 물건이 아니라고 합니다.

그러므로 〔기운의〕 움직임과 고요함은 끝이 없고 음과 양은 처음이 없는 것이니, 이치가 처음이 없기 때문에 기운 또한 처음이 없습니다.

이치는 '하나'일 뿐이기 때문에 본래 치우침과 바름, 통함과 막힘, 맑음과 흐림, 순수함과 잡박함과 같은 구분이 없습니다. 그러나 이치가 타고 있는 기운은 오르락내리락하면서 쉬는 일이 없고, 뒤섞여서 고르지 못합니다. 이에 천지와 만물이 생겨남에 어떤 것은 바르고 어떤 것은 치우치며, 어떤 것은 통하고 어떤 것은 막히며, 어떤 것은 맑고 어떤 것은 흐리며, 어떤 것은 순수하고 어떤 것은 잡박하게 되는 것입니다.

이치는 비록 하나지만, 이미 기운에 타고 있기 때문에 그 나타남은 만 가지로 다릅니다. 그러므로 천지에 있으면 천지의 이치가 되고, 만물에 있으면 만물의 이치가 되며, 우리 인간에 있으면 인간의 이치가 됩니다. 따라서 이렇게 뒤섞여 고르지 못한 것은 기운이 그렇게 만든 것입니다. 비록 기운이 그렇게 만들었다고 하더라도 반드시 이치가 주재하니, 뒤섞여 가지런하지 않은 까닭 역시 이치가 마땅히 그러한 것이지, 이치는 그렇지 않은데도 기운만 홀로 그런 것은 아닙니다.

천지와 인간, 그리고 만물이 비록 각각의 이치를 지니고 있다고 할지라도, 천지의 이치가 바로 만물의 이치이고 만물의 이치가 바로 인간의 이치이니, 이것이 이른바 '통괄하는 본체로서의 하나의 태극'[95]이라고 합니다. 그리고 비록 하나의 이치라고 하더라도 사람의 본성은 만물의 본성이 아니며, 개의 본성은 소의 본성이 아니니, 이것이 이른바 '각각 그 본성을 하나씩 지닌다'는 것입니다.

근원을 미루어보면 이치와 기운은 천지의 부모이고, 천지는 또한 인간과 만물의 부모가 됩니다. 천지는 지극히 바르고 통하는 기운을 받았으므로 정해진 성품이 있고 그 성품에는 변함이 없습니다. 만물은 치우치고 막힌 기운을 받았으므로 또한 정해진 성품이 있고, 그 본성에는 변함이 없습니다. 그러므로 천지와 만물은 다시 수행할 방법이 없습니다. 오직 인간만은 바르고 통한 기운을 받았는데, 맑고 탁하고 순수하고 잡박함이 수만 가지로 달라서 천지의 순수하고 하나 됨만 못합니다. 다만 인간의 마음은 '텅 비어 신령스러우며 환하게 깨달아〔虛靈洞徹〕' 온갖 이치를 갖추고 있으므로, 탁한 것을 맑게 변화시킬 수 있고, 잡박한 것을 순수하게 변화시킬 수 있습니다. 그러므로 수행하는 공부는 오직 인간에게만 있으며, 그 수행하는 공부의 극치는 "천지가 제자리를 잡게 하고, 만물이 잘 발육하게 하는"[96] 경지에 이르는 것이니, 이런 경지에 이른 뒤에야 비로소 우리 인간의 할 일을 온전히 다하게 되는 것입니다.

인간 가운데 오직 성인聖人만이 지극히 통하고, 지극히 바르고, 지극히 맑고, 지극히 순수한 기운을 홀로 타고나서 그 덕이 천지와 합치합니다. 그러므로 성인 또한 정해진 성품이 있어 변함이 없으니, 정해진 성품이 있어 변함이 없는 뒤에야 참으로 인간다움의 도리를 온전히 다한다고 할 수 있습니다. 그러므로 천지는 성인이 본받을 준칙이며, 성인은 일반 사람들이 본받을 준칙이니, 이른바 '수행하는 방법'이란 다만 성인이 이미 이루어놓은 법도를 따르는 것일 뿐입니다.[97]

그러나 만물로 말하면 그 본성이 덕을 온전히 받지 못하여 마음이 모든 이치에 통할 수 없습니다. 초목은 완전히 막혀버렸으니 굳이 말할 것이 못됩니다. 금수 가운데 어떤 것은 한쪽이 통한 것이 있습니다. 예를 들면, 호랑이와 이리는 부자간의 친함이 있고, 벌과 개미는 군신간의 의리가 있고, 기러기의 행렬에는 형제간의 질서가 있고, 물수리는 부부간의 분별이 있고, 나무에 둥지를 트는 새와 굴속에 사는 동물들은 비바람이 오는 것을 미리 아는 지혜가 있고, 제철에 나오는 풀벌레는 때를 어기지 않는 신의가 있습니다. 그러나 금수들이 이러한 것을 모두 변화시켜 통하게 할 수는 없으니, 각각 그 본성을 이루는 것은 오직 우리 인간들이 천지의 화육에 참여하여 돕는 공부를 어떻게 하느냐에 달려 있을 뿐입니다.

대저 인간은 천지의 가장 귀한 이치를 받아 본성으로 삼고, 천지에 가득한 기운을 나누어 형체를 이루었습니다. 따라서 우리 마음의 작용은 곧 천지의 조화입니다. 천지의 조화가 근본을 둘로 하지 않기 때문에, 우리 마음의 발동 또한 근원이 둘일 수 없습니다.

사람이 태어나서 고요할 때에는 하늘이 부여한 본성 그대로이고, 사물에 감응하여 움직이면 본성의 욕망이 드러납니다.[98] 감응하여 움직일 때에, 인에 기거하려 하고, 의에 근거하려고 하고, 예를 회복하려고 하고, 이치를 궁구하려 하고, 충과 신을 행하려 하며, 어버이께 효도하려 하고, 임금께 충성하려 하고, 집안을 바로잡으려 하고, 형에게 공경하려 하고, 벗에게 선행을 간절히 권면하려는 것 등을 도심이라고 말합니다. 감응하여 움직인 것은 본래 형기지만, 발동한 것이 인의예지의 바른 이치에서 곧바로 나와서 형기에 가려지지 않았기 때문에 이치를 위주로 하여 도심이라고 합니다.

혹 배가 고프면 먹으려 하고, 추우면 입으려 하고, 목마르면 마시려 하고, 가려우면 긁으려 하며, 눈이 좋은 빛깔을 원하고, 귀는 좋은 소리를 원하고, 사지가 편안하기를 원하는 것 등을 인심이라고 말합니다. 인심의 근원은 비록 하늘이 부여한 본성에서 나왔지만, 그 발동은 이목과 사지의 사사로움에서 나왔기 때문에 천리의 본래 그러함이 아니므로, 기운을 위주로 하여 인심이라고 하였습니다.[99]

도심이 발동하는 것은 마치 불이 처음 타오르고 물이 처음 솟아나는 것과 같아, 갑자기 보기 어려우므로 '도심은 은미하다'고 말합니다. 인심이 발동하는 것은 마치 매가 묶어놓은 끈을 풀어버리고 말이 굴레를 벗어난 것처럼 날뛰어 제어하기 어려우므로 '인심은 위태롭다'고 하는 것입니다.

비록 인심이라 하고 도심이라고 하여 명칭은 둘이지만, 그 근원은 단지 하나의 마음일 뿐입니다. 마음이 어떤 때에는 이치와 의리를 위하여 발동되고, 어떤 때에는 식색食色을 위하여 발동하기 때문에, 그 발동한 목적에 따라 명칭을 다르게 부여한 것입니다. 만약 형께서 보내주신 서신에서 말한 것과 같이 '이치와 기운이 상호 발동한다'고 한다면, 이는 이치와 기운이라는 두 물건이 각각 마음속에 근본을 두고, 마음이 아직 발동하지 않았을 때에 이미 인심과 도심이라는 두 묘맥苗脈〔일의 실마리 혹은 단서〕이 있어, 이치가 발동하면 도심이 되고 기운이 발동하면 인심이 될 것입니다. 그렇게 된다면 우리 마음에 두 근본이 있는 것이니, 어찌 크게 잘못되지 않았겠습니까?

주자는 "마음의 허령지각은 하나일 뿐이다"고 하였는데, 형은 어디에서 이렇게 '이치와 기운은 상호 발동한다'는 말을 터득하였습니까? 주자의 이른바 "혹 형기의 사사로움에서 발생하고, 혹 성명의 바름에 근원한다"는 말은 이미 마음이 발동한 것을 보고, 그 이후에 이론을 세운 것입니다. 마음이 이치와 의리를 위하여 발동한 경우, '어디로부터 이러한 이치와 의리의 마음이 있게 되었는가?' 하고 그 연유를 추구해보면, 이는 성명이 마음속에 있기 때문에 이러한 도심이 있게 된 것이라고 할 수 있습니다. 마음의 발동이 식색 때문일 경우, '어디로부터 이러한 식색의 생각이 있게 되었는가?' 하고 그 연유를 추구해보면, 이는 혈기가 형성되었기 때문에 이러한 인심이 있게 된 것입니다. 따라서 〔이러한 주자의 인심도심설이〕 '혹 이치가 발동하고, 혹 기운이 발동한다'는 '상호 발동설〔互發說〕'이 큰 근본을 하나로 하지 않는 것과 합치하지 않습니다.

발동하는 것은 기운이고 발동하게 하는 까닭은 이치이니, 기운이 아니면 능히 발동할 수 없고 이치가 아니면 발동할 것이 없습니다〔發之者氣也 所以發者理也 非氣則不能發 非理則無所發〕. (발지發之 이하 스물세 자는 성인이 다시 태어나도 이 말을 바꾸지는 못할 것입니다.) 따라서 이치와 기운은 선후와 이합이 없기 때문에 상호 발동한다고 말할 수 없습니다. 다만 혹 형기 때문에 발생한 인심과 혹 도의에 근원을 둔 도심은 비록 근원은 하나이지만 그 말류末流는 이미 갈라졌으니, 이것을 두 변으로 나누어 설명하지 않을 수 없습니다.

그러나 사단과 칠정은 그렇지 않은 점이 있습니다. 사단은 칠정의 선한 일변이고 칠정은 사단의 총화이니, 어찌 한 변을 그 총화와 나누어 상대적으로 비교해 말할 수 있겠습니까?

주자의 "이치에서 발동하고 기운에서 발동한다〔發於理 發於氣〕"라는 말은 의미가 필시 다른 곳에 있습니다. 그런데 지금 그 의미는 알지 못하고 다만 그 말만 지켜 이치와 기운을 분개하는 근거로 인용하고 있습니다. 그러니 갈수록 그 참된 의미를 잃어버리는 것이 되지 않겠습니까? 주자의 의도 또한 '사단은 오로지 이치만을 말하고, 칠정은 이치와 기운을 함께 말한 것이다'라는 데 있지, '사단은 이치가 먼저 발동하고 칠정은 기운이 먼저 발동한다'는 데 있는 것이 아닙니다.

퇴계는 이것에 근거하여 이론을 세워 "사단은 이치가 발동함에 기운이 따르고, 칠정은 기운이 발동함에 이치가 탄다"고 하였습니다. 이른바 '기운이 발동함에 이치가 탄다'는 말은 옳습니다. 그러나 이는 단지 칠정만이 그런 것이 아니라, 사단 역시 기운이 발동함에 이치가 타는 것입니다. 왜냐하면 어린아이가 우물에 빠지는 것을 본 뒤에야 측은한 마음〔惻隱之心〕이 발동하는데, 여기서 어린아이가 우물에 빠지려는 것을 보고서 측은해하는 것은 기운이니 이것이 이른바 '기운이 발동한다'는 것이며, 측은한 마음의 근본은 인이니 이것이 이른바 '이치가 탄다'는 것입니다.

이는 사람의 마음만이 그런 것이 아니라, 천지의 변화 역시 기운이 변화할 때 이치가 타지 않는 것이 없습니다. 그러므로 〔기운인〕 음양이 움직이고 고요할 때에 태극〔太極=理〕이 타는 것이니, 여기에는 〔이치와 기운의〕 선후를 말할 수 없습니다. 그런데 '이치가 발동함에 기운이 따른다'는 학설과 같다면, 이는 분명히 선후가 있는 것이니, 이것이 어찌 도리를 해치는 것이 아니겠습니까? 천지의 조화는 곧 우리 마음의 발동입니다. 만약 천지의 변화에서 이치의 변화와 기운의 변화가 구분되면, 우리 마음 또한 '이치의 발동'과 '기운의 발동'의 다름이 있을 것입니다. 그러나 천지에 이미 이치에서 나온 변화와 기운에서 나온 변화의 구별이 없으니, 어떻게 우리 마음에 '이치의 발동'과 '기운의 발동'의 구별이 있겠습니까? 만약 우리의 마음이 천지의 변화와 원리상 다르다고 말한다면, 그런 말은 제가 알 바가 아닙니다. (이 부분이 가장 잘 깨우쳐야 할 곳이니, 여기에서 계합契合하지 않는다면 아마도 의견이 합치하기를 기대할 수 없을 듯합니다.) 그리고 이른바 '이치에서 발동한다'는 것은 본성이 발동하면 감정이 된다는 말과 같습니다. 그러나 만약 '이치가 발동함에 기운이 따른다'고 한다면, 이는 마음이 막 발동하는 시초에는 기운과 아무런 상관이 없다가, 이치가 이미 발동한 뒤에 기운도 따라서 발동하는 것이 되니, 이것이 어찌 합당한 말이겠습니까?

퇴계가 기명언奇明彦[100]과 사단칠정설에 관해 논의한 말이 무려 만 자나 됩니다. 그런데 기명언의 이론은 분명하고 명쾌하여 마치 대나무를 쪼개는 듯하지만, 퇴계의 변설辨說은 상세하지만 의미와 이치가 밝지 못하여 반복하여 음미해보아도 결국 적실한 맛이 없습니다. 기명언의 학식이 어찌 감히 퇴계를 넘보겠습니까만 다만 재주와 지혜가 있어 우연히 이것을 알아챘을 뿐입니다.

삼가 가만히 살펴보건대, 퇴계는 '사단은 마음 안에 근거를 두고 발동하고, 칠정은 외부에 감응하여 발동한다'는 것으로 견해를 먼저 세우고, 주자의 '이치에서 발동하고 기운에서 발동한다'는 말씀을 주장으로 삼아 길게 부연하여 허다한 갈등을 만들어내고 말았습니다. 저는 이것을 읽을 때마다는 개탄하면서, 〔퇴계의〕 바른 견해 중 하나의 흠으로 여겨왔습니다.

《주역周易》에서 이르기를, "고요하여 발동하지 않다가, 느껴서 〔천하의 연고에〕 드디어 통달한다"[101] 하였습니다. 비록 성인의 마음이라 하더라도 느낌 없이 저절로 움직이지 않으며, 반드시 느낌이 있어야 움직이는데, 느끼게 하는 것은 모두 밖에 있는 것〔外物〕입니다. 왜냐하면 부모에게서 느끼면 효도하는 마음이 발동하고, 임금에게서 느끼면 충성하는 마음이 발동하고, 형에게서 느끼면 공경하는 마음이 발동하니, 부모와 임금과 형이 어찌 마음속에 있는 이치이겠습니까? 천하에 어찌 느낌 없이 마음 안에서 저절로 생기는 감정이 있겠습니까? 다만 느낌에 바름과 사악함이 있으며, 감정의 발동이 지나치거나 모자라서, 여기에서 선과 악의 구별이 있게 되는 것입니다.이제 만약 밖에서 느끼기를 기다리지 않고 안에서 저절로 생겨나는 것을 사단이라고 한다면, 이는 부모가 없어도 효도하는 마음이 나타나고 임금이 없어도 충성하는 마음이 나타나고 형이 없어도 공경하는 마음이 나타난다는 말이 됩니다. 이것이 어찌 사람의 참된 감정이겠습니까?

이제 측은해하는 마음을 가지고 말한다면 어린아이가 우물에 빠지는 것을 본 뒤에야 측은해 하는 마음이 나타나니, 느끼게 하는 것은 어린아이입니다. 그렇다면 어린아이는 밖에 있는 것〔외물〕이 아닙니까? 어찌 어린아이가 우물에 빠지는 것을 보지 않고서도 저절로 측은해하는 마음이 생기겠습니까? 가령 그런 일이 있다고 한다면, 이는 마음의 질병에 불과할 뿐, 사람의 감정은 아닙니다.

사람의 본성은 인·의·예·지·신 다섯 가지가 있을 뿐이니, 이 다섯 외에 다른 본성은 없습니다. 그리고 감정은 희로애구애오욕 일곱 가지가 있을 뿐이니, 이 일곱 가지 외에 다른 감정은 없습니다.

사단은 선한 감정의 다른 이름일 뿐이니, 칠정을 말하면 사단은 이미 그 안에 포함하고 있으니, 이는 인심과 도심이 상대적으로 이름을 붙인 것과 다릅니다. 형께서 이것들〔사단·칠정과 인심·도심〕을 같은 관계로 견주려 하는 것은 무슨 까닭입니까?

인심과 도심은 상대적으로 이름을 붙인 것이니, 이미 도심이라고 하면 인심이 아니며, 이미 인심이라고 하면 도심이 아닙니다. 그러므로 인심과 도심은 두 변으로 나누어 말할 수 있습니다. 그러나 칠정은 사단을 이미 그 속에 포함하고 있으니, 사단은 칠정이 아니라고 하거나 칠정은 사단이 아니라고 말할 수는 없습니다. 어찌 〔인심과 도심처럼〕 두 변으로 나눌 수 있겠습니까? 칠정이 사단을 포함한다는 것을 형께서는 아직도 이해하지 못하시겠습니까?

사람의 감정이 마땅히 기뻐해야 할 때에 기뻐하고, 상喪을 당해서는 슬퍼하고, 친해야 하는 사람에게는 자애롭고, 이치를 발견하면 궁구하려 하고, 어진 이를 보면 그와 같이 되려 하는 것은(이상은 희·애哀·애愛·욕의 네 가지 감정입니다) 인의 단서입니다. 그리고 마땅히 성내야 할 때에는 성내고, 마땅히 미워해야 할 때를 당하여 미워하는 것은(노·오惡의 두 가지 감정입니다) 의의 단서입니다. 존귀한 이를 만나면 두려워하는 것은(구懼의 감정입니다) 예의 단서입니다. 기뻐해야 할 때와 성내야 할 때, 슬퍼해야 할 때와 두려워해야 할 때를 당하여 기뻐해야 할 것과 성내야 할 것, 슬퍼해야 할 것과 두려워해야 할 것을 알며(이것은 시是에 속합니다) 또 기뻐하지 말아야 할 것과 성내지 말아야 할 것, 슬퍼하지 말아야 할 것과 두려워하지 말아야 할 것을 아는 것은(이것은 비非에 속합니다. 이는 칠정을 합하여 그 시비를 아는 감정입니다) 지의 단서입니다.

선한 감정이 발동하는 것을 낱낱이 열거할 수는 없지만, 거의 이와 같습니다. 그리고 사단을 칠정에 준하여 본다면 측은해하는 마음은 애哀에 속하고, 부끄러워하고 미워하는 마음은 오에 속하고, 공경하는 마음은 구에 속하고, 옳음과 그름을 구별하는 마음은 희와 노의 감정이 마땅한가 마땅하지 않는가 하는 것을 아는 감정에 속하니, 칠정 밖에 별개의 사단이란 없습니다. 그렇다면 사단은 오로지 도심만을 말한 것이며, 칠정은 인심과 도심을 합해서 말한 것이니, 인심과 도심이 두 변으로 나누어진 것과는 어찌 판이하게 다르지 않겠습니까?

형께서 '본성에 이치를 위주로 하는 것〔主理〕'과 '기운을 위주로 하는 것〔主氣〕이 있다'는 말은 비록 나쁠 것은 없는 것 같지만, 아마도 병통의 근원은 여기에 있는 듯합니다. '본연지성'은 오로지 이치만을 말하고 기운에는 미치지 않은 것입니다. 기질지성은 기운을 겸하여 말하는데, 이치가 그 가운데에 포함되어 있으니, 또한 이치를 위주로 하는 것과 기운을 위주로 한다는 말로 두루뭉술하게 두 변으로 나눌 수 없습니다.[102] 본연지성과 기질지성을 두 변으로 나눈다면, 이해하지 못하는 사람들은 어찌 두 가지 본성이 있다고 여기지 않겠습니까. 또 사단은 이치를 위주로 하여 말한 것이라고 하면 옳지만, 칠정을 기운을 위주로 하여 말한 것이라고 하면 옳지 않습니다. 칠정은 이치와 기운을 포함하여 말한 것이기 때문에, 기운을 위주로 말하는 것이 아닙니다. (인심과 도심은 '이치를 위주로 한다'고 하거나 '기운을 위주로 한다'고 하는 말을 붙일 수 있지만, 사단과 칠정은 이렇게 말할 수 없으니, 그 이유는 사단은 칠정 중에 포함되고 칠정은 이치와 기운을 겸했기 때문입니다.) 자사는 《중용》에서 본성과 감정의 덕을 논하기를, "희로애락의 감정이 아직 발동되지 않은 것을 중이라 하고, 발동하여 모두 절도에 맞는 것을 화和라 한다"[103] 하였습니다. 여기에서는 칠정만 제시하고, 사단은 제시하지 않았습니다. 만약 형의 말씀과 같이 칠정이 이치를 위주로 말한 것이라면, 자사가 큰 근본과 달통하는 도를 논하면서 이치라는 한 변을 빠뜨린 것이 되니, 어찌 큰 결함이 아니겠습니까?

도리는 넓고도 넓어서 논리를 세워 말하기가 가장 어렵습니다. 말에는 비록 병통이 없을지라도, 보는 자가 자기 생각을 가슴속에 두고 멋대로 끌어다 붙인다면 큰 병통이 되지 않을 수 없습니다. 그러므로 성현의 말씀을 빌려서 후학들을 그르치는 일도 있습니다.

정자의 "기器 또한 도이고 도 또한 기이다"[104]라는 말은 이치와 기운이 서로 떨어질 수 없다는 것을 말한 것입니다. 그런데 이 구절을 보는 이들은 그만 이치와 기운을 한 물건이라고 오해합니다. 주자의 "이치와 기운은 결단코 두 물건이다"는 말은 이치와 기운은 서로 섞이지 않는다는 것을 말한 것인데, 이 구절을 보는 이들은 그만 이치와 기운은 앞뒤가 있다고 오해합니다.

근래에 이른바 '본성이 먼저 발동한다'거나 '마음이 먼저 발동한다'는 학설은 굳이 말할 것도 없거니와 심지어 정암整菴 나흠순羅欽順[105]같이 고명하고 뛰어난 식견이 있는 이도 이치와 기운을 하나로 보는 병통이 조금 있습니다.

퇴계는 그 학문의 정밀하고 상세하고 신중함에 있어서는 근래에 다시없을 분이지만, 그분이 제시한 '이치가 발동하면 기운이 따른다〔理發氣隨〕'고 하는 학설은 이치와 기운에 앞뒤가 있는 것으로 보는 병통이 조금 있습니다. 노선생〔퇴계〕

께서 돌아가시기 전에 저는 이 말을 듣고 내심 그르다는 것을 알아차렸습니다. 그러나 나이가 어리고 학식이 얕아 감히 질문하여 그 귀일점을 찾지 못하였는데, 이 문제를 상기할 때마다 늘 통탄스러웠습니다.

일전에 형과 더불어 이치와 기운을 의논했을 때에 소견이 서로 다르지 않아 내심 기쁘고 다행스러워 '우리 두 사람이 비록 큰 근본에 대해서는 참으로 알았다고 말할 수 없지만, 그 명의名義만은 알았다고 할 수 있다'고 여겼습니다. 그런데 이제 보내주신 서신을 받아보니, 차츰차츰 이치와 기운을 두 갈래로 보는 병통으로 기울어지려고 하시니, 이는 긴 행랑 기둥을 재차 헤아리다가 오히려 틀려버린 것과 같습니다. 어찌하여 그렇게도 견해가 일정하지 못하십니까?

형께서는 이미 기명언과 저의 말이 명백하고 직절直截하다고 인정하면서도, 또한 도리에서는 다시 '이치와 기운이 상호 발동할 수도 있다'고 의심하니, 더욱 이해할 수 없습니다. 두 가지 학설[106] 중에 하나가 옳으면 다른 하나는 그르니, 두 학설이 모두 옳은 것으로 공존할 수는 없습니다. 만약 도리에 이미 이러한 것이 있고 또 저러한 것이 있다고 한다면, 이는 단 것을 쓰다고 말할 수도 있고, 흰 것을 검다고도 말할 수 있다는 것입니다. 그렇다면 천하에 어찌 정론이 있을 수 있겠습니까?

형께서 만약 저의 말을 신뢰하지 못하신다면 다시《근사록

近思錄》과 《정성서定性書》 그리고 《맹자》의 "태어난 것 그대로를 본성이라 한다"는 한 단락을 반복하여 자세히 음미해보면 아마도 알아차릴 수 있을 것입니다. "이것은 도리의 기초를 쌓는 곳이며 큰 골자가 되는 곳이다"라고 말한 것은 진실로 형의 편지 내용과 같습니다. 여기에서 틀리면 큰 근본을 알지 못하게 되니, 다시 무슨 일을 하겠습니까? 그럼에도 그만두지 않고서 반드시 인심과 도심으로 이론을 전개하여 '이치와 기운이 상호 발동한다'는 학설을 주장하고 싶으면, 차라리 나정암처럼 인심과 도심을 본체와 작용으로 보시기 바랍니다. 그렇게 하신다면 비록 그 명의는 잃는다고 할지라도, 그 큰 근본에서는 크게 틀리지 않을 것입니다. 어떻게 생각하십니까?

세상의 수많은 무리들과는 이런 말들을 선뜻 할 수 없지만, 우리 두 사람은 고요한 곳에서 서로 좇아 함께 지내니 각자가 들은 것을 높이고 아는 것을 행하기를 달리할 수는 없기 때문에 급히 귀일시키고자 하여 저도 모르게 이렇듯 의견을 쏟아놓고 말았습니다. 바라건대, 외람됨을 용서하시고 천천히 연구하고 깊이 통찰하십시오.

-〔우계가〕 질문해온 편지를 덧붙임

연이어 보내주신 편지를 받고 형의 정황靜況[107]이 매우 좋다는 것을 알게 되어, 기쁘기가 이를 데 없습니다. 어제 보내주신 별지의 내용을 조심스럽게 세 번이나 반복하여 읽어보았습니다. 저는 퇴계의 학설에 대하여 항상 분명하지 못하다고 생각했고, 고봉高峯의 변설을 읽을 때마다 명백하여 의심되는 것이 없다고 여겼습니다.

그런데 전일에 주자의 인심과 도심에 관한 학설을 읽어보니, '혹 형기의 사사로움에서 발생하고, 혹 성명의 바름에 근원한다'는 논의가 있어 퇴계의 뜻과 부합되는 듯하여, 개연慨然히 여러 이론이 없던 순 임금 때에도 이미 이와 같이 '이치와 기운은 상호 발동한다'는 말이 있었으니, 퇴계의 견해는 바꿀 수 없는 이론이라고 여겼습니다. 그리하여 다시 예전의 견해를 버리고 이 의논을 따르고자 하니, 감히 고명하신 형께 질문합니다.

인심·도심, 사단·칠정의 명칭과 이론을 억지로 비교하여 같게 하고, 이것을 끌어다가 저것에 부합시키려고 하는 것은 아닙니다. 성현의 무한한 도리를 반드시 한입으로 똑같이 말하고 함께 들어 비교하려고 하는 것은 마치 여러 음식물을 앞에 벌려놓고 한입에 넣어 씹는 것과 같을 것입니다. 이렇게 하면 단지 그 본래의 맛을 알지 못할 뿐만 아니라, 시고 짜고 달고 쓴 바른 맛까지도 잃게 될 것입니다. 저의 질문은 사단·칠정이 인심·도심과 그 의미와 요지가 같고 다름을 알아서, '이치와 기운이 상호 발동한다'는 이론이 과연 이것에 부합하는지의 여부에 대해 알고자 하는 것입니다.

대저 사단·칠정과 인심·도심설은 비록 그 이론을 세운 의미는 다소 다른 점이 있지만, 모두 본성과 감정의 작용을 말한 것입니다. 그렇다면 만약 '이치와 기운은 상호 발동한다는 학설'이 천하의 정리定理가 아니라면, 주자가 무엇 때문에 이런 말씀을 하셨겠습니까? 이 학설은 매우 장황하지만, 제 소견이 밝지 못하여 이미 고봉과 퇴계가 서로 시비를 논한 것 속으로 휩쓸려 들어갔으니, 어찌 얼음이 저절로 녹듯이 보내주신 깨우침을 스스로 변석할 수 있었겠습니까? 고봉과 형의 말씀은 명백하고 직절하지 않은 것이 아니지만, 혹 도리에 이와 같은 것이 있을까 의심되니, 바라건대 다시 "혹 형기의 사사로움에서 발생하고, 혹 성명의 바름에 근원한다"는 뜻을 깊이 살펴서, 항상 정밀한 사유를 거듭해 나가시는 것이 어떻겠습니까? 계속해서 터득되는 것이 있으면 마땅히 즉시 달려가 알리겠습니다.

제 생각은 인심·도심은 마음에서 발동한 것을 말하며, 사단과 칠정은 본성에서 발동한 조목이라는 점에서 그 의미에 다소 차이가 있지만, 인심·도심이 다만 마음에서 발동하는 것이기 때문에 성정과 관계가 없다고 할 수는 없다는 것입니다.

보내준 글에 "감정과 의지를 함께 말했다"는 것은 바로 저의 견해와 조금 다릅니다. 그렇지만 저로서는 제대로 설명하지 못할 뿐입니다. 이 '사단·칠정과 이치·기운에 대한 논변'은 바로 도리의 기초를 쌓는 곳이며 큰 골자가 되는 곳이니, 만일 여기에서 어긋난다면 어긋나지 않는 것이 없을 것입니다. 요컨대 뜻을 다해 연구하여 바른 곳으로 돌아가려는 것입니다. 마침 토혈吐血로 기운이 매우 불편하여, 하고 싶은 말을 다할 수 없으니, 삼가 훗날을 기다려 다시 묻겠습니다.

고봉의 사단칠정설에 이르기를, "인심과 도심을 논한다면 혹 이처럼 말할 수 있겠으나 사단과 칠정은 아마도 이처럼 말할 수 없을 듯하다" 하였습니다. 그러나 제 생각에는 '인심과 도심을 논하면서 이렇게 말할 수 있다면, 사단과 칠정을 논하면서도 역시 이렇게 말할 수 있다고 여겨집니다. 그런데 어째서 이렇게 말할 수 없다는 것입니까? 바라건대, 이 부분에 대해 해석하여 하나로 귀결될 의논을 주시길 간절히 바랍니다.

저의 생각으로는, '본성에도 이치를 위주로 말하는 것(주리)과 기운을 위주로 말하는 것(주기)으로 나누어 말할 수 있다면, 어떻게 감정의 발동에서는 이치를 위주로 말하는 것과 기운을 위주로 말하는 것의 구별을 할 수 없겠는가?' 하는 것입니다. 여기에 대해서도 원컨대, 한마디 가르침을 주시면 매우 다행이겠습니다.

10. 성호원에게 답함

방금 간곡한 편지를 받고 도리道履가 편안하심[108]을 알게 되니, 매우 기쁩니다. 저는 무탈하고 편안합니다. 형의 분발하심에[109] 감동하여 〔형께〕 장차 깨달음이 있을 것으로 생각되어서, 번거롭지만 기꺼이 저의 소견을 모두 말씀드렸습니다. 물리치지 않고 받아들여 이제 그 대강을 짐작하여 이해해주시니, 얼마나 다행인지 모르겠습니다.

반드시 총명이 남보다 뛰어난 사람만 도리를 아는 것은 아닙니다. 비록 기운의 받음이 고명하고 통철하지 못하더라도 정성을 들여 공부한다면 어찌 알지 못할 리가 있겠습니까? 총명한 이는 쉽게 이해하기 때문에, 도리어 그 이해한 것을 힘써 실천하여 확충하지 못할 수도 있습니다. 총명하지 못하여 정성을 들이는 이는 깊이 공부하기 때문에 이미 이해했다면 쉽게 실천에 옮기니, 이것을 형에게 바라는 것입니다.

이치·기운에 대한 학설과 인심·도심에 대한 학설은 모두 일관된 것입니다. 만약 인심·도심에 대해 투철하게 알지 못한다면, 이치·기운에 대해서도 투철하게 알지 못할 것입니다. 만약 이치와 기운이 서로 떨어질 수 없다는 것을 분명히 안다면, 인심과 도심이 두 근원이 없다는 것도 미루어 알 수 있을 것입니다. 다만 이치와 기운에 대해 투철하지 못하여,

혹 이치와 기운이 서로 떨어져 각각 다른 곳에 있을 수 있다고 생각하기 때문에, 인심과 도심에도 두 근원이 있다고 의심하는 것입니다. 만약 이치와 기운이 서로 떨어질 수 있다면, 정자의 이른바 "음과 양에 처음이 없다"[110]는 말은 헛말이 되고 말 것입니다. 이 설명은 어찌 제가 거짓으로 지어낸 말이겠습니까? 다만 선현들이 미처 상세히 말씀하지 않았을 뿐입니다.

어제 긴 서간을 써서 형의 요구에 응하였는데, 변설이 매우 상세하고 비유 또한 적절하니, 한 번 보시면 견해가 합치될 것입니다. 그런 뒤에도 의심이 있다면, 이 문제를 잠시 제쳐 두고 성현의 글을 많이 읽어 다시 뒷날에 이해할 수 있기를 기다리는 것이 좋겠습니다. 저는 십 년 전에 이미 이 문제를 규명할 단서를 발견하고, 그 후 차츰 깊이 생각하기를 거듭하여 경전을 읽을 때마다 서로 대조하곤 하였습니다. 애초에는 합치하지 않을 때도 있었으나 점차 부합되어 오늘에 이르러서는 완전히 융합하여 추호의 의심도 없어졌습니다. 따라서 다른 많은 사람들의 웅변으로는 결코 저의 견해를 돌릴 수 없을 것입니다. 다만 기질이 부박하여 힘써 실천해내지 못함을 늘 탄식하며 자책할 따름입니다.

이치는 형상을 넘어서는 것〔形而上者〕이고 기운은 형상을 지닌 것〔形而下者〕입니다. 이치와 기운은 서로 떨어질 수 없습니다. 이미 서로 떨어질 수 없다면, 그것의 발용發用(발동과 작용)도 하나이니, 각각 서로 발용함이 있다고 말할 수 없습니다.

만약 '(이치와 기운이) 상호 발용함이 있다'고 말한다면, 이것은 이치가 발용할 때에 기운이 혹 미치지 못하는 경우가 있고, 기운이 발용할 때에 이치가 혹 미치지 못하는 경우가 있을 것입니다. 이럴 경우에는 이치와 기운이 이합이 있고, 선후가 있으며, 움직임과 고요함에 단초가 있고, 음양에 시작이 있는 것이 되니, 그 오류가 적지 않을 것입니다. 다만 이치는 무위無爲이고 기운은 유위有爲이기 때문에, 감정이 본연지성에서 나와서 형체와 기운에 가리어지지 않은 것을 이치에 소속시키고, 처음에는 비록 본연지성에서 나왔으나 형기에 가리어진 것을 기운에 소속시켰으니, 이 또한 부득이한 이론입니다. 사람의 본성이 본래 선한 것은 이치이기 때문이지만, 기운이 없으면 이치가 발동하지 못하니, 인심과 도심이 그 어느 것인들 이치에 근원을 두지 않았겠습니까? 마음이 아직 발동되지 않았을 때에도 인심의 묘맥이 있어 이치와 함께 마음속에서 서로 대립하고 있는 것이 아닙니다.

근원은 하나지만 흐름이 두 갈래라는 것을 주자께서 어찌 몰랐겠습니까? 다만 논리를 세워 사람들을 가르치다 보니, 각각 위주로 하는 것이 있었을 뿐입니다. 정자는 "선과 악은 본성 가운데 두 물건으로 서로 대립하고 있다가 각각 따로 나오는 것이 아니다"[111]라고 했습니다. 선과 악은 확연히 다른 두 물건이지만, 오히려 서로 대립하여 각각 따로 나오는 이치가 없습니다. 그런데 하물며 혼륜하여 서로 떨어질 수 없는 이치와 기운이 어찌 서로 대립하여 상호 발동할 이유가 있겠습니까? 만약 주자가 진정 이치와 기운이 서로 발동하여 작용함이 있어 서로 대립하여 각각 나온다고 말했다면, 이는 주자도 잘못 말한 것이니, 어찌 주자라고 할 수 있겠습니까?

인심과 도심의 명칭을 나눈 것은 성인이 어찌 그렇게 하지 않을 수 있었겠습니까? 이치의 본연은 본래 순수하게 선하지만 기운을 타고 발동되어 작용할 때에 선과 악이 나누어집니다. 단지 기운을 타고 발용할 때에만 선과 악이 있는 것을 보고 이치의 본연을 모른다면, 이는 큰 근본을 모르는 것입니다. 단지 이치의 본연만 보고 기운을 타고 발용할 때에 혹 흘러서 악이 된다는 것을 모른다면, 이것은 도적을 〔도적인 줄 모르고〕 아들로 잘못 아는 것과 같습니다.

그러므로 성인이 이런 것을 염려해 마침내 감정이 성명의 본연에서 곧바로 나온 것을 도심이라고 명명하여, 사람들로 하여금 이 도심을 보존하고 양성하여 확충하게 했습니다. 감정이 형기에 가려져 성명의 본연을 곧바로 나오지 못한 것을 인심이라 명명하여, 사람들에게 이 인심이 지나치거나 모자라는 것을 살펴서 절제하도록 했으니, 절제하는 것은 바로 도심이 하는 것입니다.

대저 형색 또한 천성이니, 인심인들 어찌 선하지 않겠습니까? 하지만 지나치거나 모자람이 있기 때문에 악으로 흐르는 것일 뿐입니다. 만약 도심을 확충하고 인심을 절제하여 형색으로 하여금 각각 그 법칙에 따르게 할 수 있다면, 움직임과 고요함, 말과 행동이 모두 성명의 본연이 아닌 것이 없을 것입니다. 이것이 바로 예로부터 성현들이 전수하신 심법의 종지입니다. 이것이 '이치와 기운이 상호 발동한다'는 학설과 무슨 관계가 있겠습니까? 퇴계의 병통은 오로지 '호발互發(상호 발동한다)'이라는 두 글자에 있으니, 애석합니다. 노선생 퇴계처럼 정밀한 학문에도 큰 근본에 있어서는 아직 한 겹의 막이 드리워져 있습니다.

북계北溪 진씨陳氏[112]의 설명은 모르겠지만, 또한 주자의 본의가 어디에 있는지를 알았습니까? 아니면 정말 '(이치와 기운이) 상호 발동한다'고 여겨 퇴계의 견해와 같았습니까? 이에 대해서는 알 수 없습니다. 그러나 도리는 결단코 제가 말씀드린 것과 같을 것이니, 저의 견해를 굳게 지켜서 힘써 실천하십시오. 의심을 품고 확신이 없어, 이런저런 말로써 자신의 마음을 어지럽게 해서는 아니 됩니다.

불가의 말에, "금가루는 비록 귀중한 것이지만, 눈에 들어가면 병이 된다"고 하였습니다. 이 말은 비유하자면, 성현의 말씀은 비록 귀중하지만, 잘못 이해하면 해가 된다는 것과 같으니, 이 말은 매우 좋습니다. 성현의 말씀에는 그 뜻이 혹 다른 곳에 있는 경우가 있으니, 그 뜻을 찾지 않고 한갓 말에만 얽매이게 되면, 어찌 도리어 해가 되지 않겠습니까? 공자께서는 "벼슬을 잃으면 속히 가난해지고자 하고, 사람이 죽으면 속히 썩고자 한다"고 하셨는데, 비록 증자 같은 제자도 그 말을 그대로 믿었습니다. 만약 유자有子의 해명이 없었다면,[113] 후세에 벼슬을 잃은 이들은 반드시 식량과 재물을 버렸을 것이며, 죽은 사람을 장사 지내는 이들은 박장薄葬하는 것이 옳다고 여겼을 것입니다. 이것이 어찌 성인의 본뜻이겠습니까?

주자가 말한 "혹 형기의 사사로움에서 발생하고, 혹 성명의 바름에 근원한다"는 설명 또한 마땅히 본래 의미를 추구하여 이해해야 할 것입니다. 이 말에 얽매여서 '상호 발동한다'는 학설을 주장해서는 안 될 것입니다.

정암 나흠순은 식견이 고명한 근래에 뛰어난 선비입니다. 그는 큰 근본에서는 이해한 것이 있습니다. 그래서 그는 오히려 '주자가 이치와 기운을 두 갈래로 본 것이 아닌가?' 하고 의심을 품었습니다. 이는 비록 주자를 제대로 알지 못했지만, 큰 근본에 대해서는 바르게 본 점이 있습니다. 다만 인심과 도심을 본체와 작용의 관계로 간주해 그 명의를 잃었으니, 또한 애석합니다. 그러나 정암의 잘못은 명목에 있지만, 퇴계의 잘못은 성리에 있으니, 비교하면 퇴계의 잘못이 더

큽니다. (이 구절에서 논의한 것 같은 것은 어찌 성급하게 다른 사람에게 보여줄 수 있겠습니까? 알지 못하는 사람들은 필시 퇴계를 비방한다고 여길 것입니다. 소재蘇齋 노수신盧守愼[114]은 인심과 도심에 대해서 나정암의 학설을 따르려 하였으니, 그 역시 '상호 발동한다'는 학설을 그르다고 여겼기 때문입니다. 그의 견해는 본래 옳으니, 다만 굳이 '상호 발동한다'는 학설에 의존하지 않더라도 인심과 도심은 또한 각각 그 명의를 얻을 것인데, 어찌 반드시 이와 같이 할 필요가 있겠습니까? 이제 이 의논을 가지고 노소재에게 질문한다면 서로 부합하는 점이 있을 것이지만, 다만 적당한 때가 아니므로 감히 그렇게 하지 못하는 것입니다.)

만물들 가운데 〔그것을 담는〕 그릇〔器〕을 떠나지 못하고 쉬지 않고 흐르는 것은 오직 물밖에 없습니다.[115] 그러므로 오직 물만이 이치에 비유될 수 있습니다. 물이 본래 맑은 것은 사람의 본성이 본래 선한 것과 같습니다. 물을 담는 그릇이 깨끗하거나 더러워서 똑같지 않은 것은 사람의 기질이 각각 다른 것과 같습니다. 그릇이 움직이면 물이 따라서 움직이는 것은 기운이 발동할 때에 이치가 타는 것이며, 그릇과 물이 함께 움직여 그릇이 움직이고 물이 움직이는 차이가 없는 것은 이치와 기운이 서로 발동하지 않는 것과 같습니다. 그릇이 움직이면 물도 반드시 움직이지만 물이 스스로 움직이지 못하는 것은, 이치는 무위이고 기운은 유위이기 때문입니다.

성인은 기질이 맑고 순수하며 본성이 그 본체를 온전히 하여 털끝만큼도 인욕의 사사로움〔人欲之私〕이 없습니다. 그러므로 그 발동하는 것이 마음의 하고자 하는 바를 좇아도 법도를 넘는 일이 없어, 인심 또한 도심이 됩니다. 비유하자면, 맑고 고요한 그릇에 물이 담기면 한 점의 티끌도 없기 때문에 그릇이 움직일 때에 본래의 맑은 물이 쏟아져 흘러나오는 것이 모두 맑은 물인 것과 같습니다.

현자賢者는 기질이 비록 맑고 순수하나 약간의 탁하고 잡박함이 있음을 면하지 못하기 때문에 반드시 수양하는 공부를 한 뒤에야 본연지성을 회복할 수 있습니다. 그 발동하는 것이 곧바로 본연지성을 이루어 형기에 가리어지지 않는 것도 있고, 비록 본성에서 발동되었으나 형기가 용사하는 것도 있는데, 형기가 비록 용사하더라도 인심이 도심의 명령을 듣기 때문에 식색의 마음 역시 법도에 따르게 됩니다. 이를 비유하면 물을 담은 그릇이 비록 깨끗하고 고요하지만, 약간의 먼지와 찌꺼기가 그 속에 들어 있음을 면치 못하여서 반드시 물을 맑게 하는 공력을 들인 뒤에야 물이 본연의 맑음을 얻게 되는 것과 같습니다. 그러므로 그릇이 움직일 때에 혹 맑은 물이 쏟아져 나오고 먼지와 찌꺼기는 움직이지 않는 경우도 있고, 혹 맑은 물이 나왔다고 할지라도 먼지와 찌꺼기가 이미 움직이는 경우도 있으니, 반드시 먼지와 찌꺼기를 가라앉혀 혼탁하지 않게 한 뒤에야 물의 흐름이 맑게 될 수 있습니다.

불초자不肖者는 기질에 혼탁함이 많고 맑음이 적으며, 잡박함이 많고 순수함이 적어서 본성이 이미 그 본연을 잃어버렸습니다. 또한 그는 수양하는 공부가 없으므로 발동하는 것이 대부분 형체와 기운의 부림을 당하니, 이는 인심이 위주가 됩니다. 그리고 간혹 도심이 인심의 사이에 뒤섞여 나온다고 할지라도 도심을 살피고 지킬 줄 모르기 때문에 형기의 사사로움에 맡겨두니, 감정이 지나치고 인욕이 치열해져 도심도 인심이 되고 마는 것입니다. 비유하면, 마치 물을 담은 그릇이 깨끗하지 못하고 더러운데다 진흙과 찌꺼기가 그 속에 가득 차서 물이 그 본연의 맑음을 잃고, 또 물을 맑게 하기 위한 공력도 들이지 않아 그릇이 움직이면 진흙과 찌꺼기가 물을 흐리게 하여 물이 흘러나올 때에 맑은 물을 보지 못하고, 간혹 진흙과 찌꺼기가 미처 흐리게 하지 않았을 때에는 잠시 깨끗한 물이 나오는 경우가 있기도 하지만, 별안간에 진흙과 찌꺼기가 또다시 흐리게 하므로 맑은 것도 다시 탁해져서 흘러나오니 모두 탁한 물이 되는 것과 같습니다.

본성은 본래 선하지만 기질에 구애되어 혹 흘러서 악이 되니, 악을 본성의 본연이 아니라고 말하는 것은 옳지만, 본성에 근본을 두지 않았다고 말하는 것은 옳지 않습니다. 이것은 마치 물이 본래는 맑지만 진흙과 찌꺼기가 흐리게 하여 마침내 탁류를 이루었을 경우, 탁함을 물의 본연이 아니라고 말하면 옳지만 물의 흐름이 아니라고 말한다면 옳지 않은 것과 같습니다. 중인中人의 본성은 현인과 불초자의 중간에 있으니, 이를 미루어보면 알 수 있습니다. 이치가 기운을 떠나지 못함은 진정 물이 그릇을 떠나지 못하는 것과 같습니다. 그런데 이제 만약 '상호 발용함이 있다'고 한다면, 이는 혹 그릇이 먼저 움직이자 물이 따라서 움직이기도 하고, 혹은 물이 먼저 움직이자 그릇이 따라서 움직이기도 한다는 논리입니다. 천하에 어찌 이런 도리가 있겠습니까?

그리고 또 사람이 말을 타는 것에 비유하면, 사람은 본성이고 말은 기질입니다. 말의 성질이 양순하기도 하고 양순하지 않기도 한 것은 기운을 받음에 맑음과 탁함, 순수함과 잡박함의 차이가 있는 것과 같습니다. 문밖을 나설 때에 혹 말이 사람의 뜻에 따라 나가는 경우도 있고, 혹 사람이 말이 가는 대로 맡겨두고〔信〕(신信 자는 임任 자와 같은 뜻이나 약간 다릅니다. 대개 임 자는 알고서 일부러 맡겨보는 것이요, 신 자는 알지 못하면서 맡기는 것입니다) 그대로 나가는 경우도 있으니, 말이 사람의 뜻에 따라 나가는 것은 사람이 위주가 되니 곧 도심이고, 사람이 말이 가는 대로 맡겨두고 그냥 나가는 것은 말이 위주가 되니 곧 인심입니다. 그리고 문 앞의 길은 사람과 사물이 마땅히 가야 할 길입니다. 사람이 말을 타고 문밖을 나서지 않았을 때에는 사람이 말이 가는 대로 맡겨둘 것인지 아니면 말이 사람의 뜻을 따를지 다 같이 그 단서를 알 수 없기 때문에, 이는 인심과 도심이 본래 상대적인 묘맥이 없는 것과 같습니다.

성인의 혈기도 일반 사람들과 같습니다. 주릴 때는 먹고 싶고, 목마를 때는 마시고 싶고, 추울 때에는 입고 싶고, 가려울 때에는 긁고 싶은 것은 성인도 면할 수 없기 때문에, 성인도 인심이 없을 수 없습니다. 비유하자면, 마치 말의 성질이 비록 매우 온순하다고 하더라도 사람이 간혹 말이 가는 대로 맡겨두고 문을 나설 때가 어찌 없겠습니까? 다만 말이 사람의 뜻에 순종하여 견제하지 않아도 스스로 바른길을 가니, 이것은 성인이 마음이 하고자 하는 것을 좇아도 법도를 넘지 않는 경우로서 인심 또한 도심이 되는 것과 같습니다.

일반 사람들은 기품이 순수하지 못하여 인심이 발동할 때에 도심으로써 인심을 주재하지 못하면 흘러서 악이 됩니다. 비유하자면 사람이 말이 가는 대로 맡겨 둔 채로 문밖을 나서고 또 견제하지 않으면 말이 제멋대로 가서 바른길을 따르지 않는 것과 같습니다. 그 가운데 가장 양순하지 않은 말은 사람이 비록 견제해도 계속 날뛰어서 필시 가시밭 사이로 달아날 것이니, 이는 기품이 탁하고 잡박하여 인심이 위주가 되어 도심이 가리어진 것과 같습니다. 이처럼 말의 성질이 양순하지 않으면 항상 날뛰어서 잠시도 가만히 서 있을 때가 없으니, 이는 마음이 혼매昏昧하고 어지러워 큰 근본이 서지 못한 것과 같습니다. 비록 양순하지 않은 말이라고 할지라도 다행히 가만히 서 있으면 가만히 서 있을 때만은 양순한 말과 같으니, 이는 일반 사람의 마음이 혼매하고 어지러워서 비록 중체中體가 서지 못했다고 할지라도 다행히 아직 발동되지 않았을 때가 있으면 이 순간만은 담연湛然한 본체가 성인과 다름이 없는 것과 같습니다.

이와 같이 비유를 들어보면, 인심과 도심, 이치를 위주로 한 것과 기운을 위주로 한 학설이 어찌 명백하여 쉽게 알 수 있지 않겠습니까? 만약 '이치와 기운이 상호 발동한다'는 학설로 비유한다면, 이는 아직 문밖을 나서기 전에는 사람과 말이 각각 처소를 달리하다가도 문밖을 나선 뒤에야 사람이 말을 타는데, 혹 사람이 나서자 말이 따르는 경우도 있고, 혹 말이 나서자 사람이 따르는 경우도 있는 것과 같으니, 이는 명칭과 이치를 함께 잃은 것으로 어불성설입니다.

그러나 사람과 말은 혹 서로 떨어질 수가 있으니, 〔사람과 말의 비유는〕 그릇과 물에 비유한 것만큼 절실하지는 못하며, 물 또한 형체가 있으니 이치처럼 형체가 없는 것이 아니기 때문에, 비유는 융통성 있게 살펴보고 비유에만 얽매여서도 안 될 것입니다.

사람이 타고난 기질지성에는 본래 일정한 선과 악이 있습니다. 그러므로 부자夫子께서는 "성性은 서로 가까우나 습관에 따라 서로 멀어진다"고 하였으며, 또한 "오직 상지上智와 하우下愚만 옮겨가지 않는다"[116]라고 말씀하신 것입니다. 다만 '기질지성'은 '본연지성'이 아니어서 어둡고 어지럽기 때문에 마음이 아직 발동하기 이전의 중이라고 할 수는 없습니다. 아직 발동되지 않는 것은 본성의 본연이니, 혼매하고 어지러운 것은 기운이 이미 본성을 가린 것이므로 본성의 본체라고 말할 수는 없습니다.

이제 보내온 서간을 받고 그 뜻을 자세히 연구해보니, 형의 견해가 잘못된 것이 아니라 표현이 잘못되었습니다. 지난번 보내드린 서신에서 〔제가〕 표현을 너무 지나치게 하여, 생각해보니 부끄럽기 짝이 없습니다. 보내주신 서신에서 이른바, "의견을 하나로 부합하는 데에만 급급해하니 어찌 억지로 될 수 있겠습니까? 또한 깊이 생각하고 완미해보기를 기다려야 한다"고 하였는데, 이 말씀이 지극히 옳습니다. 도리는 모름지기 깊이 생각하여 자득해야 합니다. 만약 오로지 다른 사람의 말만 믿는다면 오늘 웅변하는 사람을 만나 그가 이 말이 옳다고 주장하면 그 말을 좋아하여 따르고, 내일 또 웅변하는 사람을 만나 그가 저 말이 옳다고 주장하면 또한 그 말을 좋아하여 바꾸어 따를 것이니, 어느 때에 정견이 있겠습니까?

'개울가에서 손으로 물을 치며〔柳磯激水〕 생각하였다'는 설명은 사물을 보고 도리를 생각한 것이라 할 수 있지만, 아직도 미진한 것이 있습니다. 물이 아래로 흘러가는 것은 이치이며, 물을 부딪치면 손 위로 튀어 오르는 것 역시 이치입니다. 물이 만약 처음부터 끝까지 아래로만 흘러가 아무리 부딪쳐도 튀어 오르지 않는다면, 그러한 이치가 없는 것입니다. 부딪쳐서 손 위로 튀어 오르게 하는 것은 비록 기운이라고 하더라도, 충격을 가해 손 위로 튀어 오르게 하는 까닭은 이치이니, 어찌 기운만 홀로 작용한다고 말할 수 있겠습니까?

물이 아래로 내려가는 것은 본연의 이치이고, 부딪쳤을 때 손 위로 튀어 오르는 것은 기운에 올라탄 이치입니다. 기운에 올라탄 이치 이외에 본연의 이치를 별도로 찾는 것은 진실로 옳지 않습니다. 그러나 기운에 타고서 정상으로부터 어긋나는 것을 가리켜 본연의 이치라고 말하는 것도 옳지 않으며, 만약 정상으로부터 어긋나는 것을 보고서 마침내 기운만 홀로 작용하고 이치가 거기에 있지 않다고 말한다면 이 또한 옳지 않습니다.

아무개가 창문 아래서 늙어 죽는 것[117]은 그야말로 정상이 아니지만, 다만 나라를 다스리는 도리가 공평하지 않아 상벌에 법도가 없게 되면 악인이 득세하고 선인이 곤궁한 것 또한 진실로 이치입니다. 맹자는 "작은 것이 큰 것에게 부림을 당하고, 약한 것이 강한 것에게 부림을 당하는 것은 하늘(의 이치)이다"[118]라고 말했습니다. 대저 덕의 크고 작음을 논하지 않고, 오직 대소·강약으로 승부를 겨루는 것이 어찌 하늘의 본연이겠습니까만, 다만 형세로써 말했을 뿐이니, 형세가 이미 그러하다면 이치 역시 그러하기 때문에, 이것을 하늘이라고 말한 것입니다. 그렇다면 아무개가 목숨을 보전한 것을 본연의 이치가 아니라고 하는 것은 옳지만, 기운이 홀로 그렇게 하고 이치는 없다고 말하는 것은 옳지 않습니다. 천하에 어찌 이치 밖에 기운이 있겠습니까? 이 구절은 가장 깊이 연구해야 하니, 이 점을 이해하면 이치와 기운이 서로 떠나지 않는 묘리를 알 수 있을 것입니다.

이치와 기운의 묘함〔理氣之妙〕은 이해하기 어렵고, 또한 말하기도 어렵습니다. 이치의 근원은 하나일 뿐이며, 기의 근원 또한 하나일 뿐입니다. 기운이 오르내리고 고르지 못하면, 이치 또한 뒤섞여 고르지 못하니, 기운은 이치를 떠날 수 없고 이치 또한 기운을 떠날 수 없습니다. 대저 이와 같다면, 이치와 기운은 하나이니, 어디에서 그것들이 차이가 있음을 보겠습니까? 이른바 "이치는 스스로 이치이고 기운은 스스로 이치이다"라고 말하는데, 어디에서 "이치는 스스로 이치이고, 기운은 스스로 기운인 것"을 볼 수 있겠습니까? 형께서 정밀히 생각하여 이 점에 대해 한 말씀 해주시면, 식견이 도달한 바를 증험하고자 합니다.

-〔우계가〕 질문해온 편지를 덧붙임

지난번 손수 쓰신 서간을 받고 도리가 청화淸和하다[119]는 것을 알게 되니, 기쁜 마음 한량이 없습니다. 또 긴 글로 가르쳐주셨는데, 그 내용이 무려 수천 자에 달하였습니다. 말뜻이 명백하고 유창하며 의리가 직절하여, 삼가 읽어보니 저의 혼매함을 거의 전부 깨우쳐주었습니다. 그뿐만 아니라 형께서는 제가 잘못 들어가는 것을 애처롭게 여기셔서, 피나는 정성으로 인도해주셨습니다. 그리고 그 가르침에 미진함이 있을까 염려하여 노고를 사양하지 않으심이 이와 같이 극진하시니, 가르침에 게으르지 않는 훌륭한 마음과 측은히 여겨 서로 도우려는 성실한 의지에 탄복하고 감동하여 발분하려는 마음 간절합니다.

앞뒤 두 차례의 편지는 모두 똑같은 뜻입니다. 이는 전날 이미 강론한 내용이니, 어찌 공경하는 자세로 받아들이지 않겠습니까? 그러나 저는 퇴계 선생을 매우 신봉합니다. 그래서 항상 '이치와 기운이 상호 발동한다는 학설〔호발설〕'을 옳지 않다고 여기면서도, 오히려 그것에 집착하여 버리지 못하고 있었습니다. 그런데 〔주자의〕 인심도심설에 대해 읽다가 이른바 "혹 성명의 바른 데에 근원을 두고, 혹 형기의 사사로움에서 생긴다"는 입론을 보니, 퇴계의 말씀과 은연중 부합한다고 생각했습니다. 그래서 선뜻 방향을 바꾸어 전날의 생각을 버리고 퇴계의 학설을 따르려 한 것입니다. 이것이 생각을 바꾸게 된 계기입니다.

'이치와 기운이 상호 발동한다'는 학설은 제가 새로 지어낸 것이 아니라, 노선생 퇴계의 말씀입니다. 이제 그 한 단락의 기본 논의를 써서 보내니, 자세히 살펴주시기 바랍니다. 퇴계 선생께서 자득한 것은 바로 이 단락에 있으니, 그 옳고 그름 역시 이 단락에 있습니다.

인심도심설에 대해서는 아직도 의심이 가시지 않고 있습니다. 옛사람들은 사람이 말을 타고 출입하는 것을 이치가 기운을 타고 가는 것에 비유하였으니, 그 비유가 매우 적절합니다. 사람은 말이 아니면 출입하지 못하고, 말은 사람이 아니면 궤도를 잃게 되니, 사람과 말은 서로 의지하여 떨어질 수 없는 관계입니다. 그렇다면 사람과 말이 문밖을 나설 때에는 반드시 사람이 길을 가려고 하여야 말이 사람을 태우는 것이니, 이것은 바로 이치가 기운의 주재가 되어 기운이 이치를 태우는 것과 같습니다. 그리고 문밖을 나설 즈음에 사람과 말이 궤도를 따라가는 것은 기운이 이치에 따라 발동하는 것이며, 사람이 비록 말에 탔으나 말이 제멋대로 달려 궤도를 따르지 않는 것은 기운이 함부로 날뛰어서 혹 지나치거나 혹 모자란 것입니다. 따라서 이 비유로서 이치와 기운의 흘러 움직임, 성실한 기미와 악의 기미가 나누어지는 까닭을 논구한다면 어찌 명백하고 직절하지 않겠습니까? 그러면 본성과 감정, 본체와 작용의 이치도 분명해져서 다른 갈래의 의혹이 없어질 것입니다.

이치를 살피는 이들은 대개 마음이 이미 발동한 뒤에 선과 악이 나누어지는 것에 근거를 두고 구분하면서, "이런 것은 본성이 발동하여 선하지 않음이 없고, 이런 것은 기운이 고르지 못하여 악에 흐른 것이다"라고 합니다. 이것으로 음미해보면, 다만 막 발동할 즈음에 '이치를 위주로 한 것〔주리〕'과 '기운을 위주로 한 것〔주기〕'의 다름이 있을 뿐, 원래 상호 발동하여 각각 용사하는 것은 아닙니다. 따라서 사람들이 혹 이치라고 하고 혹 기운이라고 하는 것은 각각 그 중한 측면을 들어서 말하는 것입니다. 이렇게 보면 형의 가르침에 어긋나지 않을 듯합니다.

그런데 주자의 말씀에, "혹 형기의 사사로움에서 나오기도 하고, 혹 성명의 바른 데에 근원을 두기도 한다" 하였고, 북계 진씨의 말에, "이러한 지각이 이치에 따라 발동한 것이 있고, 기운에 따라 발동한 것이 있다"고 하였습니다. 이러한 말들은 퇴계의 '상호 발동한다'는 학설과 같으니, 어떻게 된 것입니까? 사단과 칠정을 상대적으로 제시하면서, 나누어 소속시킨 것은 당연합니다. 인심과 도심 역시 감정인데, 어째서 도심을 이치의 발동이라 하고, 인심은 기운의 발동이라 했겠습니까?

사람에게는 형기가 있는 것은 크게는 몸과 마음, 작게는 모든 골절에 이르기까지 사물의 법칙이 없을 수 없습니다. 소리·색깔·냄새·맛〔聲色臭味〕의 욕구 역시 하늘의 이치에서 발동한 것으로 막을 수 없는 것입니다. 그래서 이제 '그 지나침을 경계하여 감정을 절제하라'고 한다면 또한 가르침이 될 수 있습니다. 그런데 어찌하여 귀·눈·입·코〔耳目口鼻〕의 욕구만을 기운에 소속시켜 인심이라 하는 것입니까? 아마 이 기운이 조작하고 스스로 발동하는 작용을 할 때에 〔이치와 떨어져〕 별개로 한곳에 흘러 움직이기 때문이 아니겠습니까? 그렇지 않다면 무엇 때문에 기운의 측면에서 설명을 하였겠습니까?

사람이 말을 타는 것은 서로 의지하여 가는 것인데, 이제 사람을 가리켜 도심에 비유하고 말을 가리켜 인심에 비유하는 것은 어불성설이라고 하겠습니다. 인심과 도심을 나누어 말하는 것 역시 그 확실한 의미가 어디에 있는지 모르겠습니다. 깊이 바라건대, 형께서는 한 단락의 의미를 다시 자세히 제시하여 가르쳐주십시오. 여기에서 한 겹만 트이게 되면, 그 밖의 것은 모두 저절로 합치되지 않는 것이 없을 것입니다.

형께서는 의견을 하나로 부합하는 데 급급하나, 어찌 억지로 그렇게 할 수 있겠습니까? 또한 깊이 생각하고 음미하여 하루아침에 깨달아 환하게 알게 되면, 필경 산만했던 견해가 같은 데로 귀일할 것입니다. 마침 손님들이 연이어 와서 바삐 글을 쓰느라 뜻을 충분히 전달하지 못합니다. 삼가 바라건대 뜻을 잘 헤아려 잘 이끌어주기를 천만번 지극히 바랍니다.

퇴계의 근본 논의는 다음과 같습니다.

황의 생각에는, "하늘과 땅, 사람과 사물에 나아가보면, 이치가 기운 밖에 있는 것은 아니지만 오히려 분별하여 말할 수 있으니, 본성이나 감정에서도 비록 이치가 기운 가운데 있고 본성이 기질 가운데 있다고 하더라도 어찌 이치와 기운을 분별하여 말할 수 없겠는가? 대저 사람의 한 몸은 이치와 기운이 합하여 생겼으므로 두 가지(이치와 기운)가 상호 발용함이 있으며, 발동함에 있어 또한 서로 의지한다. (이치와 기운이) 상호 발동하면 또한 각각 위주로 하는 것이 있음을 알 수 있고, 서로 의지하면 서로 그 가운데 있음을 알 수 있다. 이치와 기운이 서로 그 가운데 있으므로 혼륜하다고 말하는 이가 있고, 각각 위주로 하는 것이 있으므로 분별하여 말할 수도 있다. 본성을 논하면 이치가 기운 가운데 있지만, 자사와 맹자는 오히려 본연지성만을 지적해냈고, 정자와 장자張子[120]는 오히려 기질지성을 지적해 논의하였다. 감정을 논하면서 본성이 기질 속에 있다면, 어찌 각각 발동하는 것을 좇아서 사단과 칠정의 근본 내력을 분별할 수 없겠는가? 이치와 기운을 겸하고 선과 악이 있는 것은 감정만 그런 것이 아니라, 본성 또한 그러하다. 그러나 어찌 이것을 가지고 사단과 칠정을 구별할 수 없는 증거로 삼을 수 있겠는가?"[121]

(이치가 기운 가운데 있다는 측면에서 말하였으므로, 본성 또한 그러하다고 말한 것입니다.)

사람이 형체를 받고 태어난 이후로 말하자면, 아직 발동하지 않은 본성(기질을 겸하여 말한 것입니다)에도 응당 선과 악이 정해져 있을 것이니, 이것을 아직 발동되지 않은 중이라고 일컬을 수는 없습니다. 제가 말한 '아직 발동하지 않은 본체'라는 것은 기운을 받음이 정해진 것을 가리키는 것이지, 아직 발동하지 않는 중을 말하는 것이 아닙니다. "단지 감정만 그러한 것이 아니라, 본성 역시 그러하다"는 구절도 제가 지적한 말과 같습니다. 보내준 글에, "'아직 발동하지 않은 중'에는 악이 있을 수 없다"는 말씀은 매우 옳습니다. 저의 말은 다른 사람의 말을 답습한 것이 아니라, 억측하여 처음으로 지어낸 소견입니다.

어제 개울가〔柳磯〕에서 손으로 물을 치며, '물이 아래로 흘러내려 가는 것은 이치이고, 부딪쳐서 손에 튀어 오르는 것은 기운이 하는 것이다. 그렇다면 기운이 홀로 작용할 때도 있고, 이치와 기운이 상호 발동할 때도 있지 않은가? 이 아무개의 소행은 죄가 크고 악이 극도에 이르렀는데도 마침내 목숨을 보전한 것은 천도의 무지에서 비롯되었으니, 이 또한 기운이 작용한 것인가?'라고 생각해보았습니다. 이윽고 또 '만약 기운의 작용이 정해진 것이 없고, 이치가 주재함이 없었다면, 오늘날 해와 달이 빛을 잃고 하늘과 땅이 추락한 지 이미 오래되었을 것이다. 어찌 그릇된 관점이 아니겠는가?'라고도 생각해보았습니다.

생각이 오락가락하여 이리저리 치달려 이렇듯 정견이 없었습니다. 저도 모르는 사이에 스스로 웃고 돌아왔으니, 한 번 웃어 넘겨버리시기 바랍니다.

11. 성호원에게 답함

밤사이 도황은 어떠하신지요? 어제 보내 드린 장문의 서간은 자세히 보셨습니까? 낮에 한가로이 앉아 이치와 기운의 묘리는 본래 떨어짐과 합해짐이 없다는 것을 느꼈습니다. 그래서 마침내 짧은 율시 한 수를 지어 보내니, 여기에서 서로의 견해가 합치한다면 다른 것에서도 합치하지 않는 것이 없을 것입니다. 다만 형은 이미 이치와 기운이 한순간도 서로 떠날 수 없다는 것을 알면서도, 아직도 '이치와 기운은 상호 발동한다'는 학설에 집착하니, 아무리 생각하여도 그 까닭을 알지 못하겠습니다. 아마도 이것은 '혹 성명의 바른 곳에 근원을 두기도 하고, 혹 형기의 사사로움에서 생긴다'는 학설에 얽매여 전향하지 못하는 것이 아닙니까?

주자周子[122]는 "태극이 움직여 양을 낳고, 고요하여 음을 낳는다"[123]고 하였는데, 이 두 구절이 어찌 잘못된 말씀이겠습니까? 그러나 만약 잘못 해석하면, 필시 '음과 양은 본래 없었는데, 태극이 음과 양보다 먼저 있다가 태극이 움직인 뒤에 양이 생기고 태극이 고요한 뒤에 음이 생긴다'고 여길 것입니다. 이렇게 해석하면, 본래의 의미는 크게 잃어버리지만, 문구상으로 해석하면 순조로워 막힘이 없어 보입니다. '혹 형기의 사사로움에서 생기고, 혹 성명의 바른 데에 근원을 둔다'는 학설 또한 이와 같습니다.

대저 오행五行[124]이란 이치와 기운에서 나온 것이며, 나아가 "목이 화를 낳고〔木生火〕 화가 토를 낳는다〔火生土〕"고 말한 것은 단지 그 순서를 말한 것일 뿐입니다. 그런데 만일 이 말에 집착하여 '화는 반드시 목에서 나오며, 이치에 근원을 둔 것이 아니다'라고 여긴다면 옳겠습니까? 도심을 발동하는 것은 기운이지만 성명이 아니면 도심은 발동하지 못하고, 인심의 근원은 본성이지만 형기가 아니면 인심은 발동하지 못하니, '도심은 성명에 근원을 둔다' 하고 '인심은 형기에서 생겼다'고 하는 것이 순리에 맞지 않겠습니까? 형기가 인심을 낳는 것도 '목이 화를 낳는다'고 하는 것과 같습니다. 만약 형께서 이미 이 점을 깨달았다면, 이 서간은 필요 없는 말이 될 것이며, 만약 깨닫지 못했다면 도움이 없지는 않을 것입니다.

이치와 기운의 원리를 읊어 우계 도형에게 드리다〔理氣詠呈牛溪道兄〕

근원의 기운은 어디에서 비롯하였는가? 元氣何端始

형상 없는 것이 형상 있는 것에 있구나! 無形在有形

근원을 궁구하면 본래 합쳐져 있음을 알고 窮源知本合

(이치와 기운은 본래부터 합쳐 있고, 처음 합쳐진 때가 따로 있었던 것은 아닙니다. 이치와 기운을 둘로 나누려는 이는 도리를 알지 못하는 이입니다.)

유파를 찾아 내려가면 온갖 정수 볼 수 있네 沿派見群精

(이치와 기운은 원래 하나이지만, 드러남에서는 음양과 오행의 정수가 됩

니다.)

물은 그릇을 쫓아 모나고 둥글며 水逐方圓器

허공은 병을 따라 작고 커진다 空隨小大瓶

(이치가 기운을 타고 흘러 움직일 때에 천태만상으로 고르지 못한 것이 이와 같습니다. 허공과 병에 대한 말은 불교에서 나온 것인데 그 비유가 절실하므로 여기에 인용한 것입니다.)

그대여, 두 갈래에 미혹되지 말고 二岐君莫惑

본성이 감정이 되는 것을 묵묵히 체험하소서 默驗性爲情

본성이란 이치와 기운을 합한 것입니다. 이치가 기운 가운데에 있은 연후에야 비로소 본성이라고 할 수 있습니다. 만약 아직 형질 가운데에 있지 않다면, 마땅히 이치라고 말해야 하지 본성이라고 할 수 없습니다. 다만 형질 가운데 단순히 그 이치만을 가리켜서 본연지성이라고 말하니, 본연지성에는 기운을 뒤섞을 수 없습니다.

자사와 맹자는 본연지성을 말하였고, 정자와 장자는 기질지성을 말했는데, 실상은 하나의 본성이며 위주로 하여 말한 것이 다를 뿐입니다. 각각 위주로 하는 의미를 알지 못하고 끝내 본성이 둘이라고 말한다면, 도리를 안다고 할 수 있겠습니까? 본성이 이미 하나인데, 감정에 '이치의 발동'과 '기운의 발동'이 구분된다고 한다면, 본성을 안다고 할 수 있겠습니까?

제 성격이 세상과 맞지 않아 비록 많은 사람들과 접촉하지만 서로 부합하는 이가 적은데, 오직 형만은 저를 버리지 않으니, 필시 취미가 다르지 않기 때문일 것입니다. 저에게는 오직 형만이 있을 뿐인데, 소견이 오히려 같지 않다면 이 학문의 외로움이 너무 심하지 않겠습니까? 다른 부분에서 견해의 차이는 배우는 이로서 면할 수 없는 것이겠지만, 다만 이 도리의 가장 중요한 머리 부분으로서 시비와 정사正邪가 나뉘는 곳은 같지 않을 수 없습니다. 제가 누누이 이렇게 말씀드리는 것은 형을 위해서일 뿐만 아니라, 또한 바로 저의 외로움을 스스로 민망하게 여기기 때문입니다.

지금 이른바 이치를 궁구한다고 하는 이들 가운데에 이것을 말할 수 있는 이는 거의 없습니다. 괴이하게 여기고 그르게 여기는 이는 본래 말할 필요도 없겠지만, 이것을 보고 서로 부합한다고 스스로 말하는 사람 또한 그 견해를 믿을 수가 없습니다. 오직 송운장 형제만은 이것을 말할 수 있으니, 이것이 제가 깊이 사귀게 된 이유입니다. 형도 역시 이 사람들을 가볍게 여기지 마십시오. 만일 안습지安習之[125]가 오거든 시험 삼아 한번 보이는 것이 어떻겠습니까? 이 사람 정도도 역시 제가 드물게 보는 이지만, 범연泛然하게 그렇다고만 하고, 정밀하게 생각하거나 깊이 연구하지 않아 서로 확실히 믿지는 못하니, 그가 이 말을 보고 어떻게 바꿀지 모르겠습니다.

-〔우계가〕 질문해온 편지를 덧붙임

어제 손님이 와서 아무렇게나 대강 답장을 하여, 매우 한탄스럽습니다. 요즘 정리靜履가 화승和勝 하신지요.[126] 보내주신 도설圖說을 여러 날 살펴보고 대강 그 일부나마 알게 되었으니, 감사해 마지않습니다. 이제는 여러 말할 것이 없습니다. 사단과 칠정을 대립하여 설명하면서, 이치니 기운이니 하는 것은 우선 그만두고, 다만 인심·도심이란 네 글자를 분명히 알지 못하겠기에 감히 다시 여쭈어봅니다. 이것을 터득하여 환하게 안다면 저의 두 갈래의 의혹[127]이 해소될 수 있고, 의견을 하나로 합치하려고 노력하시면서 가르쳐주시기를 싫증내지 않는 형의 어짊도[128] 거의 보람을 얻게 될 것입니다.

보내준 서간에서 "본성과 감정은 본래 이치와 기운이 상호 발동할 도리가 없고, 본성이 발동하여 감정이 될 때에는 오직 기운이 발동하여 이치가 기운에 탈 뿐이다"고 하셨습니다. 감히 형께 재삼 상세히 살펴주기를 청하오니, 이 도리가 참으로 이와 같아 천지에 세워도 어긋나지 않고 후세의 성인을 기다려도 의심이 없는 것입니까? 원컨대, 다시 한번 생각해보심이 어떻겠습니까?

과연 이와 같다면 주자가 무엇 때문에 "혹 형기의 사사로움에서 생기고, 혹 성명의 바른 데에 근원을 둔다"라고 말하였고, 북계 진씨가 무엇 때문에 "혹 지각이 이치에서 발동하는 것도 있고, 기운에서 발동하는 것도 있다"고 했겠습니까? 예로부터 의론들이 무엇 때문에 인과 의를 모두 이치의 발동으로 돌리고, 지각·운동·식색·형체는 모두 기운에 돌렸겠습니까? 사람의 오장五臟과 백해百骸는 모두 각각의 이치가 있으면서 이 형체를 갖추지 않은 것이 없습니다. 이제 사물마다 법칙이 있다는 관점에서,[129] 본성과 감정이 발동하는 것은 이치를 위주로 하여 그 선악의 기미를 말한 것이라고 하면 옳을 터인데, 하필이면 "인심과 도심이 이치에 따라 발동한다, 기운에 따라 발동한다"고 말하는 것입니까? 이는 기운이 능히 형기를 주장하여 지나치거나 모자라거나 그 스스로 하는 대로 내버려두어 이치가 간섭할 수 없는 것이 아니겠습니까?

보내오신 글에, "인심과 도심이 비록 이치를 위주로 하는 것과 기운을 위주로 하는 것의 차이가 있으나, 그 근원은 모두 이치이고 발동하는 것은 기운이다. 이른바 '혹 형기의 사사로움에서 생기고, 성명의 바른 데에 근원을 둔다'는 말은 이미 발동하여 작용한 뒤의 것을 보고, 다만 그 중重한 것을 취하여 이름을 지었다"고 하였습니다. 이렇게 말을 만들면 어찌 간편하고 알기 쉽지 않겠습니까? 그러나 주자의 뜻이 진정 그러했다면 마땅히 글을 고치고 이론을 다시 세워, 그것이 이와 같음을 밝혀 대략 〈성기도誠幾圖〉의 뜻과 같게 했을 것입니다. 그리고 "혹 형기는 사사로움에서 생기고, 혹 성명의 바른 데에 근원을 둔다"고 말하지도 않았을 것입니다.

'혹 형기의 사사로움에서 생기고, 혹 성명의 바른 데에 근원을 둔다'는 것과 '혹 이치에 따라 나오기도 하고, 혹 기운에 따라 나오기도 한다'는 설에 대해서 저는 어리석고 둔하여 과연 형의 편지와 같이 보아야 하는지 모르겠습니다. 이른바 '여기에서 생겨난다, 여기에서 근원한다'는 것과 '이치에 따라 나오기도 하고, 기운에 따라 나오기도 한다'는 말들은 아마도 이치와 기운이라는 두 물건이 먼저 여기에 있고, 인심과 도심이 여기에서 생긴다, 여기에서 근원한다, 여기에서 발동한다고 말하는 것 같습니다. 형은 도리를 잘 말하여 가로로 설명하는 것과 세로로 설명하는 것이 옳지 않은 것이 없으니, 간절히 바라건대, 상세히 제시하여 〔주자와 북계의〕 본래 학설이 형께서 보내주신 편지와 합치될 수 있도록 해주십시오.

전일에 대강 들은 도리가 다소 근거가 있어 매번 퇴계의 학설을 의심하였지만, 인심과 도심의 해설을 보고 나서는 여러 차례 생각이 변하여 사려가 혼란해져 매우 답답하였습니다. 그리하여 매우 분발하고 결단하여 퇴계의 말씀을 좇으려 하면 난삽해서 온당치 못한 듯합니다. 그래서 퇴계의 말씀을 버리고 종래의 견해를 지키려 하면 오직 이 '혹 형기의 사사로움에서 생기기도 하고, 혹 성명의 바른 데에 근원을 두기도 한다'는 설에 가로막혀 나아가지 못합니다. 도리를 참으로 보지 못했기 때문에 이런 의혹이 있는 것입니다. 이렇게 고루한 견해를 완고하게 지키는 것은 도리를 터득하는 데 아무런 이득이 없고, 독서도 정밀하게 사유하는 것도 할 수 없으니, 이 인생 정말 애달픕니다.

12. 성호원에게 답함

밤사이에 청황淸況은 어떠하십니까?[130] 어제 보내주신 답장을 받고 형의 고상한 뜻을 소상하게 알았습니다. 이제 의견이 거의 하나로 합치할 것 같으니, 매우 다행스럽습니다. 별도로 이치와 기운에 관하여 논한 긴 글을 써서 올리니, 자세히 살펴보시고 회신해주시기 바랍니다.

보내준 편지에, "기운은 형체와 자취에 관계되어 있지만, 이치는 그렇지 않다"고 한 말은 진실로 큰 줄기라고 하겠습니다. 그러나 이 말 가운데에도 허다한 곡절이 있으니, 모름지기 극진한 곳을 십분 궁구해야 비로소 그 뜻을 알아낼 수 있다고 하겠습니다. 긴 글의 내용은 꽤 상세했습니다. 저는 본래 이전의 논의를 달리하는 설명을 유보하고, 형께서 스스로 논설하기를 기다렸습니다. 그런데 여전히 형의 궁구하는 질문을 받아보니, 저는 이제 지극한 곳까지 모두 말하여 그 본원을 궁구하지 않는다면 끝내 견해가 하나로 합치하는 것을 기약할 수 없겠다는 생각이 들었습니다. 그래서 제 주머

니에 있는 모든 것을 전부 털어놓습니다. 이는 모두 성현의 뜻입니다. 간혹 경전에서는 여기저기에 산재해 종합적으로 제시해주지 않으니, 저는 지금 이것들을 종합하여 말씀드릴 뿐입니다.

'이통기국理通氣局'[131]이라는 네 글자는 제가 발견하여 얻은 것이라고 알고 있지만, 이 또한 옛 경전에 이미 이 말씀이 있었는데 저의 독서량이 많지 않아 미처 보지 못했을 수도 있을 것입니다. 도심을 본연지기本然之氣라고 한 것도 새로운 말인 듯합니다. 이는 비록 성현의 뜻이라고 하지만, 아직 문자로 나타나지 않았습니다. 그렇지만 형께서 만약 이 용어들에 대하여 의심하거나 괴이하게 여겨 배척하지 않으신다면 합치되지 못할 것이 없겠지요.

또한 전날 재력을 내어 도와주셔서, 저의 조그만 움막을 짓는 데 쓸 재목을 보내주시니 대단히 감사합니다. 어제 계함季涵 정철鄭澈[132]의 글을 받아서 보았습니다. 거기에는 아들에게 보내는 서간이 있었는데, 속히 전해달라고 간곡히 바랐으므로 아이종을 보냈습니다. 계함은 편지 속에서 요즘 저에 대한 비방이 더욱 심해졌다고 전하고 있습니다. 아마도 저에게는 곧 죄망罪網이 가해질 것 같습니다. 이 한 몸은 이미 우주의 조화 작용에 맡겼으니, '쥐의 간과 벌레의 팔〔鼠肝蟲臂〕'처럼 하찮은 이 몸을 그들이 하는 대로 내버려두겠습니다. 그러나 엄밀하고 세밀하게 살펴본다면, 저는 남에게

증오나 혐오를 불러일으킬 일을 별로 하지 않았습니다. 다만 벼슬을 하지 않는다는 단 한 가지 일과 행적이 시속과 다를 뿐인데, 자기와 다르다고 하여 곧 원수처럼 미워한다면 세상의 도의가 험악하다고 하겠습니다. 예로부터 벼슬을 하지 않는다고 죄를 얻었다는 자가 있다는 말은 아직 들어보지 못하였는데, 이것이 저로부터 시작된다면, 이 또한 말세의 가소로운 일이라 하겠습니다.

방금 나라에 큰일이 있었습니다. 이런 때에 제가 직책을 다하지 않고 도리어 멀리 가면 의리에 부합되지 않는다고 판단됩니다. 그래서 동남쪽으로 가던 것을 멈추고, 제 아우가 있는 곳으로 사람을 보내 퇴계 선생의 무덤에 가서 전奠을 드리려 하니, 형의 전을 보내는 것은 어떻게 하는 것이 좋겠습니까? 어제 들으니 사암思菴 박순朴淳[133]이 우상右相이 되었다고 하는데 요즘 조보朝報[134]는 자못 세상의 물정에 부합하기도 하지만, 과연 효험을 거둘 수 있을지는 알 수 없습니다.

이치와 기운은 원래 서로 떨어지지 않아 한 물건인 것 같으나, 다른 까닭은 이치는 무형無形이지만 기운은 유형有形이며, 이치는 무위無爲이지만 기운은 유위有爲라는 것입니다. 무형과 무위이면서 유형과 유위의 주재가 되는 것은 이치이고, 유형과 유위이면서 무형과 무위의 그릇이 되는 것은 기운입니다.

이치는 무형이고 기운은 유형이므로, 이치는 통하고 기운은 국한된다〔理通氣局〕고 하겠습니다. 이치는 무위이고 기운은 유위이므로, 기운이 발동하면 이치가 탄다〔氣發理乘〕고 하겠습니다.

'이치는 통한다'는 것은 무슨 뜻입니까? 이치는 본말과 선후가 없습니다. 본말과 선후가 없기에 아직 감응하지 않은 때라고 할지라도 먼저가 아니며, 이미 감응했을 때라고 하더라도 뒤라고 할 수 없습니다. 이는 정자의 말입니다.[135] 그러므로 기운을 타고 흘러 움직여 천태만상으로 고르지 않지만, 그 본연의 묘한 이치는 존재하지 않는 곳이 없습니다. 기운이 치우치면 이치 또한 치우치지만, 치우친 것은 이치가 아니라 기운입니다. 기운이 온전하면 이치 또한 온전하니, 온전한 것은 이치가 아니라 기운입니다. 맑은 것과 탁한 것, 순수한 것과 잡박한 것, 찌꺼기, 타다 남은 재, 똥거름처럼 지저분하고 더러운 것 중에도 모두가 이치가 있어, 각각 그것들의 본성이 되지만, 그 본연의 묘한 이치는 그대로입니다. 이것을 일러 '이치가 통한다'고 하는 것입니다.

'기운은 국한된다〔氣局〕'란 무슨 뜻이겠습니까? 기운은 이미 형체와 자취에 관계되기 때문에 본말이 있고 선후가 있습니다. 기운의 본체는 담일청허湛一淸虛[136]할 뿐이니, 어찌 일찍이 그 본체에 찌꺼기, 타다 남은 재, 똥거름, 지저분하고 더러운 것 등과 같은 기운이 있겠습니까마는, 오직 기운이 오르락내리락하면서 잠시도 쉬지 않으므로 천태만상으로 고르지 아니하여 온갖 변화가 생깁니다. 이에 기운이 흘러 움직일 때에 그 본연을 잃지 않는 경우도 있고, 본연을 잃어버리는 경우도 있습니다. 이미 그 본연을 잃어버렸다면 기운의 본연은 이미 존재하지 않습니다. 치우친 것은 치우친 기운이고 온전한 기운이 아니며, 맑은 것은 맑은 기운이고 탁한 기운이 아닙니다. 찌꺼기와 타다 남은 재는 찌꺼기와 타다 남은 재의 기운이지, 담일청허한 기운이 아닙니다. 이는 이치가 만물 중에서 그 본연의 오묘한 이치가 어디에나 그대로 있는 것과 같지 않으니, 이것이 이른바 '기운은 국한된다'는 것입니다.

'기운이 발동하면 이치가 탄다'는 것은 무슨 뜻이겠습니까? 음이 고요하고 양이 움직이는 것은 기운의 기틀이 스스로 그러한 것이지, 누가 시켜서 그런 것은 아닙니다. 양이 움직이면 이치가 그 움직이는 것에 타는 것이지 이치가 움직이는 것은 아닙니다. 음이 고요하면 이치가 고요함에 타는 것이지 이치가 고요한 것은 아닙니다. 그러므로 주자는, "태극은 본연의 오묘한 이치이고, 움직임과 고요함은 태극이 타는 기틀이다"[137]라고 말했습니다. 음이 고요하고 양이 움직이는 것은 기운이 스스로 그러한 것이고, 음이 고요하고 양이 움직이는 까닭은 이치입니다. 그러므로 주자周子는 "태극이 움직여 양을 낳고, 고요하여 음을 낳는다"고 말한 것입니다.

이른바, "태극이 움직여 양을 낳고, 고요하여 음을 낳는다"는 말은 '아직 그러하지 않을 때의 근원'을 말한 것이며, "움직임과 고요함은 태극이 타는 기틀이다"라는 말은 '이미 그러한 것'을 보고 말한 것입니다. 움직임과 고요함이 단초가 없고, 음과 양이 처음이 없으니, 이치와 기운의 흘러 움직임은 모두 '이미 그러한 것'일 뿐입니다. 어찌 아직 그러하지 않을 때가 있겠습니까? 그러므로 천지의 변화와 우리 마음의 발동은 모두가 '기운이 발동하면 이치가 타는 것' 입니다. 이른바 '기운이 발동하면, 이치가 탄다'는 것은 기운이 이치에 앞선다는 말이 아닙니다. 기운은 유위이고 이치는 무위이기 때문에 선후가 없다는 것입니다.

이치에는 한 글자도 더할 수 없으며, 털끝만큼의 수양도 더할 필요가 없습니다. 이치는 본래 선하니, 무슨 수양이 더 필요하겠습니까? 성현의 천 마디 만 마디 말씀은 다만 사람들에게 기운을 단속하여 기운의 본연을 회복하게 하는 것일 따름입니다. 기운의 본연이란 호연지기浩然之氣를 말합니다.[138] 호연지기가 천지에 가득 차면 본래 선한 이치가 조금도 가려지지 않으니, 이것은 맹자의 '기운을 기르는 이론〔養氣論〕'이 성인의 학문에 공로가 있는 까닭입니다. 만약 기운이 발동하면 이치가 탄다는 한 길〔氣發理乘一途〕이 아니라, 이치 또한 따로 작용한다면, '이치는 무위하다'고 말할 수 없습니다. 공자께서 무엇 때문에 "사람이 도를 넓히는 것이지

도가 사람을 넓히는 것이 아니다"[139]라고 했겠습니까? 이처럼 파악한다면, '기운이 발동하면 이치가 탄다는 한 길'이 분명하고 환해져서, '혹 형기의 사사로움에서 생기기도 하고, 혹 성명의 바른 데에 근원을 두기도 한다'는 학설과 '사람이 말이 가는 대로 맡기며, 말이 사람의 뜻에 따른다'는 학설에도 널리 통하여 각각 그 뜻을 알게 될 것입니다. 자세히 음미하고 상세히 생각하시고, 저의 인품이 천박하다고 저의 말까지 가볍게 여기시지는 말았으면 합니다.

'기운이 발동하면 이치가 타는 한 길만이 있다'는 학설은 '혹 형기의 사사로움에서 생기기도 하고, 혹 성명의 바른 데에 근원을 두기도 한다'는 학설이나, '사람이 말이 가는 대로 맡기며, 말이 사람의 뜻에 따른다'는 학설과 모두 통할 수 있습니다. 그런데 형께서는 아직 이 부분에 투철하지 못하기 때문에 오히려 퇴계의 '이치와 기운은 서로 발동하며, 안에서 나오고 밖에 감응되어 먼저 두 가지 뜻이 있다'는 말을 다 버리지 못하고, 도리어 퇴계의 이 말을 끌어들여 저의 설명과 결부시키려 하는 것입니다. 별지에 쓴 의론은 매우 상세하지만, 형은 아직도 얼음이 녹듯이 의문이 확 풀리지 못한 듯합니다.

'기운이 발동하면 이치가 타는 한 길만이 있다'는 설은 본원을 추구한 논리이며, '혹 형기의 사사로움에서 생기기도 하고, 혹 성명의 바른 데에 근원을 두기도 한다'는 설과 사람은 말이 가는 대로 맡기며 말은 사람의 뜻에 따른다는 설은 말류를 따라서 본 논리입니다. 이제 형께서 "'마음이 아직 발동되지 않았을 때'에는 이치와 기운이 각각 발용하는 묘맥이 없다"고 하셨으니, 이는 저의 견해와 합치합니다. 다만, "본성과 감정 사이에 원래 이치와 기운이라는 두 물건이 있어 각각 나온다"고 하셨는데, 이는 언어상 잘못된 표현일 뿐만 아니라 실제로도 잘못된 견해입니다. 그리고 또 "한 길에서 중한 쪽을 취하여 말한 것이다"라고 하였는데, 이는 저의 견해와 합치합니다.

한 서간 내에서 의견이 서로 합쳐지기도 했다가, 갈라지기도 합니다. 이는 견해가 비록 적확하지 못하다고 할지라도, 또한 믿기도 하고 의심하기도 하면서 장차 깨닫게 될 기미가 있다는 것입니다. 이제 만약 '기운이 발동하면 이치가 탄다'는 설명과 '말이 가는 대로 맡기며 말이 사람의 뜻에 따른다'는 설명이 모두 같은 뜻이라는 것을 안다면, 의견이 하나로 합치될 것을 어찌 의심하겠습니까?

도심은 본성과 천명에 근원했으나 발동하는 것은 기운이니, 이것을 이치의 발동이라고 할 수는 없습니다. 인심과 도심은 모두 기운의 발동이지만, 기운이 본연의 이치에 따른다면 기운 또한 본연의 기운이므로 이치가 본연의 기운에 타서 도심이 됩니다. 기운이 본연의 이치에서 변한 것이 있으면, 본연의 기운 또한 변하기 때문에, 이치 역시 변한 기운에 타서 인심이 되어 혹 지나치기도 하고 모자라기도 합니다. 혹은 막 발동하기 시작할 때에 이미 도심이 인심을 주관하여 다루니 지나침과 모자람이 없게 하기도 하고, 혹 지나침과 모자람이 있은 뒤에는 도심이 또한 주관하고 다루어 중을 지향하게 하기도 합니다.

기운이 본연의 이치에 따르는 것은 본래 기운의 발동이지만, 기운이 이치의 명령을 듣기 때문에 중한 것이 이치에 있으며, 따라서 '이치를 위주로 한다'고 말합니다. 기운이 본연의 이치에서 변한 것은 본래 이치에서 근원하였으나 이미 기운의 본연에서 벗어나서 이치의 명령을 듣지 않기 때문에, 그 중한 것은 기운에 있으며, 따라서 '기운을 위주로 한다'고 말합니다. 기운이 이치의 명령을 듣는 것과 듣지 않은 것은 모두 기운이 하는 것이며, 이치는 작용함이 없으니〔無爲〕, 〔이치와 기운이〕 서로 발용함이 있다고 말할 수 없습니다. 다만 성인은 형체와 기운이 이치의 명령을 듣지 않음이 없기 때문에 인심이 곧 도심이 됩니다. 성인의 경우는 마땅히 따로 논의해야지, 하나로 묶어 설명할 수 없습니다.

또 주자는 "마음의 허령지각은 하나일 뿐인데, 혹 성명의 바른 데에 근원을 두기도 하고, 혹 형기의 사사로움에서 나오기도 한다"[140]고 하면서, 먼저 마음 심心 자 하나를 앞에 놓았으니, 마음은 곧 기운입니다. '혹 성명의 바른 데에 근원하기도 하고, 혹 형기의 사사로움에서 나오기도 하는 것'은 모두 마음에서 발동하였으니, 어찌 기운의 발동이 아니겠습니까? 마음 가운데 있는 이치가 바로 본성이므로, 마음이 발동하는 데는 본성이 발현하지 않을 수가 없으니, 어찌 이치가 타는 것이 아니겠습니까? '근원을 두기도 한다'는 것은 이치가 중요하기 때문에 그렇게 말한 것입니다. '나오기도 한다'는 것은 기운이 중요하기 때문에 그렇게 말한 것입니다. 처음부터 이치와 기운이라는 두 묘맥이 있는 것은 아닙니다. 학설을 세워서 사람을 깨우치기 위해 부득이 이렇게 말한 것이니, 배우는 이가 잘못된 견해를 갖게 될 것은 주자도 예측하지 못했을 것입니다. 이처럼 이해한다면, '기운이 발현하면 이치가 탄다'는 학설이 '혹 형기의 사사로움에서 생기기도 하고, 혹 성의 바른 데에 근원을 두기도 한다'는 학설과 진정 서로 어긋나겠습니까? 이렇게 설명해드려도 의견이 합치하지 않는다면 끝내 서로 합치되지 못할까 염려됩니다.

그리고 퇴계의 '상호 발동한다'는 말은 단순한 표현상의 실수가 아니라, 아마도 이치와 기운이 떨어지지 않는 오묘한 도리를 깊이 이해하지 못하신 데에서 나온 것 같습니다. 또 '(도심은) 안에서 나오는 것과 (인심은) 밖에 감응되는 것의 차이가 있다'는 입론은 저의 견해와 크게 다릅니다. 그런데 형께서는 퇴계의 이 입론을 끌어다가 저의 설명에 결부시키려고 하십니다. 이는 저의 뜻이 어디에 있는지를 파악하지 못했을 뿐만 아니라, 퇴계의 뜻도 잘 알지 못한 데에서 나온 것이라 하겠습니다.

퇴계는 안에서 나오는 것을 도심이라 하고, 밖에 감응되는 것을 인심이라고 규정하셨습니다. 그러나 저는 인심과 도심이 모두 안에서 나오고, 그것이 발동하는 것은 모두 밖에 감응하는 데에서 유래한다고 했습니다. 그렇다면 이 두 주장을 진정 서로 합치하는 것으로 간주하여 끌어다 붙일 수 있겠습니까? 모름지기 퇴계의 원래 논의와 저의 앞뒤 서간을 다시 보고 그 뜻을 찾아보는 것이 좋을 듯합니다.

본성과 감정에는 본래부터 이치와 기운이 상호 발동하는 도리가 없습니다. 무릇 본성이 발동하여 감정이 된다거나, 다만 기운이 발동하면 이치가 탄다는 등의 말은 제가 함부로 만들어낸 것이 아니라, 선유들의 뜻입니다. 다만 선유들이 상세히 말씀하시지 않은 것에 대해 제가 그 뜻을 부연했을 뿐이니, 이는 천지에 세워도 어긋나지 않고 후세에 성인이 다시 나오셔도 의혹을 제기하지 않을 것임이 틀림없습니다.

선유의 뜻을 어디에서 볼 수 있는지 살펴보겠습니다. 주자는 "기질지성은 다만 이 본성(본연지성을 말합니다)이 기질 가운데 떨어져 있기 때문에 기질에 따라서 하나의 본성(기질지성을 말합니다)이 되었다"[141]고 말하지 않았습니까? 정자는, "본성이 곧 기질이고, 기질이 곧 본성이니, 태어난 것을 말한다"[142]고 하였습니다. 이것으로 본다면 기질지성과 본연지성이 결코 두 개의 본성이 아닙니다. 다만 기질상에서 이치만을 가리킬 때에는 본연지성이라 하고, 이치와 기운을 합하여 명명할 때는 기질지성이라고 한 것입니다. 본성이 이미 하나라면, 감정이 어찌 두 갈래의 근원이 있겠습니까? 오직 두 가지 본성이 있은 뒤에야 두 가지 감정이 있을 것입니다.

만약 퇴계의 학설에 따른다면, 본연지성은 동쪽에 있고 기질지성은 서쪽에 있어서, 동쪽으로부터 나오는 것을 도심이라 하고 서쪽으로부터 나오는 것을 인심이라 하는 것이 되니, 이것이 어찌 도리라고 하겠습니까? 만약 본성이 하나라면, 또 장차 본성으로부터 나오는 것을 도심이라 하고, 본성 없이 스스로 나오는 것을 인심이라 할 것이니, 이 역시 무슨 도리겠습니까? 말이 순조롭지 않으면, 일 또한 이루어지지 않는 법이니, 이에 대해 반복하여 헤아려보시기를 간절히 바랍니다.

지난날 도설[143] 중의 말은 옛 성인들이 미처 발명하지 못한 것을 확충하려고 했던 것은 아닙니다. 이 도설과 이른바 '인에 근원했으나, 도리어 인을 해친다'는 것과 같은 말은 비록 선현의 뜻이지만, 분명히 말한 이가 없었습니다. 따라서 견문이 천박한 자들은 반드시 선현의 학설에 배치된다고 의심할 것입니다. 이런 연유에서 말씀드렸을 따름이니, 말로써 뜻을 해치는 과오를 범하지 않으시기 바랍니다.

-〔우계가〕 질문해온 편지를 덧붙임

지난번에 가르침을 주신 글을 받고, 여러 번 반복하여 읽어보고 감개무량했습니다. 이제 또 서간과 도리를 밝힌 시詩를 받고 보니, 견해가 분명하고 학설이 정밀하여 추호도 어긋나지 않는다는 것을 깨달았습니다. 은혜로운 가르침을 받게 되어 더욱 감동했습니다. 다만 지난날에 서로 분분하게 오갔던 말들은 피차가 모두 상대방이 하는 말의 참뜻을 파악하지 못한 데에 그 연유가 있었습니다. 이제 거의 의견이 하나로 합치되는 기쁨이 있지만, 아직도 미진한 점이 있어 대략 말씀드리겠습니다.

퇴계의 이른바 '이치와 기운은 상호 발동한다'는 학설이 어찌 보내준 편지에, "이치와 기운이 각각 다른 곳에 있어 서로 발용한다"는 말씀과 진정 같겠습니까? 다만 한 물건으로 같이 뭉쳐져 있으나, 이치를 위주로 하고 기운을 위주로 하며, 안에서 나오고 밖에 감응되는 것에 따라 도심과 인심의 구별이 있다는 뜻일 뿐입니다. 제가 "본성과 감정 사이에 원래 이치와 기운이라는 두 물건이 있어 각각 나온다"고 한 말도 역시 이렇게 본 것입니다. 어찌 이른바 "사람과 말이 각각 서 있다가 문밖을 나선 뒤에 서로 따라간다"는 뜻이겠습니까? 저의 필력이 부족하여 말을 너무 무겁게 표현한 잘못일 뿐입니다. 형께서는 앞뒤로 부지런히 깨우쳐주시면서, 단지

"본성과 감정 간에서는 '기운이 발동할 때 이치가 타는 한 길뿐이며, 그 밖의 다른 길은 없다"고 말씀하셨습니다. 제가 이 서간을 받잡고 어찌 간편하고 깨닫기 쉬운 학설로 받아들이려 하지 않았겠습니까? 그러나 성현들의 앞 말씀들을 참고해보면, 모두 〔'이치가 발동하고, 기운도 발동한다'는〕 양변설을 주장하니, 형의 고견과 같지 않기 때문에 감히 따르지 못하는 것입니다.

지난번에 보내주신 긴 서간에서 "문밖을 나설 때에 말이 사람의 뜻에 따라 나가는 경우도 있고, 사람이 말이 가는 대로 맡기고서 나가는 경우도 있다. 말이 사람의 뜻에 따라 나가는 것은 사람에 속하니 곧 도심이고, 사람이 말이 가는 대로 맡기고서 나가는 것은 말에 속하니 곧 인심이다"라고 하였습니다. 또, "성인도 인심이 없을 수 없으니, 비유하면 말이 지극히 양순하더라도 어찌 간혹 사람이 말이 가는 대로 맡겨두고 문밖을 나설 때가 없겠습니까?"라고도 하셨습니다. 제가 이 몇 구절을 연구해보니, 모두 양변설을 말씀한 것으로 보입니다. 이는 단지 '기운이 발동할 때 이치가 타는 일변만 있다'는 말씀과 다소 차이가 나고, 점차 옛사람의 학설에 가까워지는 것이 아닌가 하고 퍽 의아해하였습니다. 그런데 또 지금의 서간을 읽어보니, 그 가운데, "도심을 발동하는 것은 기운이지만 성명이 아니면 도심이 발동하지 못하고, 인심의 근원은 본성이지만 형기가 아니면 인심이 발동하지 못하니,

도심은 성명에 근원하고, 인심은 형기에서 생겨난다는 말이 어찌 순조롭지 않겠는가?"라고 말씀하셨습니다. 저는 이 한 구절을 보고 뜻이 합치되었으며, 그 표현이 정밀하고 타당한 데에 탄복했습니다.

그러나 여기에서도 깊이 연구하지 못한 점이 있습니다. 형께서는 반드시 "기운이 발동할 때에 이치가 타며, 그 밖에 다른 길은 없다"고 말씀하셨습니다. 그렇지만 저는 반드시 '마음이 아직 발동하지 않았을 때에는 비록 이치와 기운이 각각 발용하는 묘맥은 없다고 할지라도, 처음 막 발동할 즈음에 '무엇인가 하고자 하는 마음〔意欲〕'이 발동하는 것은 마땅히 '이치를 위주로 하는 것'과 '기운을 위주로 하는 것'을 말할 수 있다고 생각합니다. 그렇지만 이는 각각 나온다는 것이 아니라, 하나의 길에서 그 중한 쪽을 취하여 말한 것입니다. 따라서 이는 곧 퇴계가 말씀한 '이치와 기운이 상호 발동한다'는 호발의 뜻입니다. 그리고 이는 또한 형께서 말씀하신 "말이 사람의 뜻에 따르고 사람이 말이 가는 대로 맡긴다"는 학설과 같고, 곧 '성명이 아니면 도심이 발동하지 못하고 형기가 아니면 인심이 발동하지 못한다는 말씀'과 맥락을 같이한다고 생각합니다. 형께서는 어떻게 생각하실지 잘 모르겠습니다. 이 부분을 잘 분변하고 세밀히 분석하여 그 귀결되는 취지를 극진히 해서 보여주시기를 빌어 마지않습니다. 여기에서 의견이 합치되지 않는다면, 끝내 합치되지 못할 것입니다.

그러나 퇴계의 '이치와 기운은 상호 발동한다'는 호발설은 도리를 아는 이가 보아도 오해할까 두려운데, 모르는 이가 읽으면 사람을 오도하는 것이 적지 않을 것입니다. 더욱이 사단과 칠정을 이치와 기운으로 나누면서, 사단을 이치가 발동하는 데 기운이 따르고, 칠정은 기운이 발동하는 데 이치가 탄다고 한 것은, 그 말뜻이 순조롭지 않고 명칭과 도리가 온당하지 못합니다. 이 점 때문에 저는 퇴계의 말씀을 받아들이지 않습니다.

보내준 서신에서 '서로 합치해야 한다' 혹은 '서로 같아야 한다'고 하고, 형의 학설을 지지해주는 이가 없는 것에 대해 민망히 여기는 뜻이 있습니다. 그런데 가만히 생각해보니 저는 그렇게 해야 할 필요가 전혀 없다고 생각합니다. 군자가 도에 진실로 깊이 나아가 자득한 실제가 있다면, 비록 뜻을 함께 하는 이가 온 천하에 없다고 하더라도 마음이 평화롭고 기운이 온화하여 도를 즐거워하여 번민하지 않을 것입니다. 백이伯夷[144]는 굶어 죽는 날에도 근심하지 않았는데, 하물며 형이야 더 말할 나위가 있겠습니까?

그러나 도리가 전해 내려옴이 없고, 도리를 배울 사람이 없는 것에 대해서는 참으로 근심하지 않을 수 없습니다. 오직 지극히 크고 정밀하며 오묘한 이치는 하루아침에 크게 깨닫거나 한입에 다 먹기가 어렵습니다. 요컨대 배움은 견문에 따라 나아가고, 견문은 실행을 통해 깊어져야 하니, 오래도록 함양하고 사색하여 환하게 마음을 합하고, 묵묵히 인식하여 마음에 통하여, 어디에서든 근원을 만난 뒤에야 비로소 터득할 수 있을 것입니다.

저와 같이 몸은 병들고 정신은 혼미하여 산송장이나 다름없는 자가 어찌 정밀하게 생각하고 실지로 도달하여 자득하는 공부를 할 수 있겠습니까? 형은 매진하는 기운이 남보다 뛰어나서 타의 추종을 불허합니다. 그러나 스스로에 대한 믿음이 깊어지려면, 마땅히 열매가 무르익어 저절로 땅에 떨어질 때를 기다려야 하니, 너무 허장성세하는 마음이 밖으로 치달려서 스스로 높은 체하는 병통이 있어서는 안 될 것입니다. 제가 오늘날 이러한 병통이 형께 있다고 말하는 것은 아닙니다. 비록 고명한 사람이라고 할지라도 이러한 점을 자신이 갖고 있지 않은지 살펴야 한다는 것을 말하고자 했습니다.

지난번 서신에서 저를 이끌어서 질문을 제기하여 저의 견해를 시험하고자 하셨습니다. 그런데 요즘 어지러운 생각에 시달려 정신이 더욱 피로하여 깊이 생각하고 싶지 않아 그 득실을 여쭐 수 없습니다. 다만 서신을 한 번 읽을 즈음에 갑자기 마음속으로 '이치와 기운이 같지 않은 까닭은, 기운은 잠시라도 형체와 자취에 관계하면 지나침과 모자람이 있게 되니, 그 같지 않은 까닭은 여기에 달려 있을 뿐이다'라고 생각했습니다. 모르겠지만, 이 뜻은 어떠합니까? 뒤에 이 뜻을 부연하여 올리겠으니, 형께서도 이에 걸맞은 좋은 의견을 내어 우매한 저에게 보내주시기 바랍니다.

안습지가 오면 이 시 한 수뿐만 아니라, 마땅히 앞뒤의 의론을 모두 보여주어야 할 것입니다. 그러나 습지의 성품이 학문에 소홀하여 자못 '실제 일에서 옳음을 구하는〔實事求是〕' 뜻과 '절실하게 묻고 가까운 곳으로부터 성찰하는〔切問近思〕'[145] 공부가 부족하여, 정밀하게 생각하고 자세히 살펴서 체험하고 확충하는 것은 그의 장점이 아닙니다. 따라서 서간 또한 한 번 읽고 말 것입니다. 바라건대 형께서는 이런 뜻으로 책망하여 안습지로 하여금 옛것을 버리고 새로운 것으로 나아가는 유익함이 있게 하여주십시오.

그리고 감정이 발동하는 곳에 '이치를 위주로 하는 것'과 '기운을 위주로 하는 것'의 두 가지 뜻이 분명히 있다면, 이는 말이 사람의 뜻을 따르고, 사람이 말이 가는 대로 맡긴다는 설명이지, '아직 발동하지 않았을 때' 두 가지 뜻이 있다는 것은 아닙니다. 또한 막 발동할 즈음에 이치에 근원하거나 형기에서 생겨난다는 것이지, 이치가 발동할 때 기운이 그 뒤를 따르고, 기운이 발동할 때에 이치가 그다음에 탄다는 것은 아닙니다. 곧 이치와 기운은 하나로 발동하는데, 사람이 그 중한 쪽을 취하여, '이치를 위주로 한다' 혹은 '기운을 위주로 한다'고 말하는 것입니다.

13. 성호원에게 답함

마른나무에는 마른나무의 기운이 있고, 식은 재에도 식은 재의 기운이 있으니, 천하에 어찌 형체만 있고 기운이 없는 물건이 있겠습니까? 다만 이미 마른나무와 식은 재의 기운은 다시 살아 있는 나무와 살아 있는 불의 기운이 아니기 때문에, 생명의 기운이 이미 끊어져 다시 흘러 움직이게 할 수 없는 것입니다. 이치가 기운에 타고 있는 것으로 말하자면, 이치가 마른나무와 식은 재에 있는 것은 기운에 국한되어 각각 하나의 이치가 됩니다. 그리고 이치의 본체로서 말하면, 비록 마른나무와 식은 재에 있다고 할지라도 그 본체의 혼연함은 본래 그대로입니다. 그러므로 마른나무와 식은 재의 기운은 살아 있는 나무와 살아 있는 불의 기운은 아니지만, 마른나무와 식은 재의 이치는 살아 있는 나무와 살아 있는 불의 이치와 같습니다. 이치는 기운에 타서 하나의 사물에 국한되기 때문에, 주자는 "이치는 절대로 같지 않다"고 말씀하셨습니다. 이치가 비록 기운에 국한된다고 하더라도 본체는 그 자체로 같기 때문에, 주자는 "이치는 스스로 이치이며, 기운은 스스로 기운이므로 서로 뒤섞이지 않는다"[146]고 말씀하셨습니다. 사물에 국한되는 것은 기운의 국한됨이며, 이치는 스스로 이치이면서 기운과 서로 뒤섞이지 않는 것은 이치의 통함입니다.

지금 형은 단지 이치의 영쇄零碎한(아주 잘게 부수어진) 것이 기운에 국한되어 각각 하나의 이치가 된 것만 보고, 혼연일체의 이치가 비록 기운에 있으나 통하지 않는 데가 없는 것을 보지 못하였습니다. 그래서 겹겹의 관문과 첩령疊嶺을 사이에 둔 것처럼 막혀 일관된 의미를 파악하지 못한다고 하지 않겠습니까?

순자와 양웅은 영쇄한 이치가 각각 하나의 사물에 있는 것만 보고 본체를 보지 못했습니다. 그래서 각각 인간의 '본성이 악하다' 혹은 '선악이 섞였다'는 학설을 주장했습니다. 맹자는 다만 본체만 거론하고, 기운에 타고 있는 것에 대해서는 논급하지 않아 고자告子를 설복하지 못한 것입니다. 그러므로 "본성만 논의하고 기운을 논하지 않으면 갖추지 못한 것이며, 기운만 논의하고 본성을 논의하지 않으면 명확하지 않습니다. 게다가 본성과 기운을 둘로 나누면 옳지 않다"[147] 하였습니다. 지금 형의 소견은 단지 기운만 논의하고 본성을 논하지 아니하여, 순자와 양웅과 같은 입장에 빠져 있습니다. 명확하지 않은 것보다는 차라리 갖추지 못한 것이 낫지 않겠습니까? 도리는 보기 어려워서 한쪽 변만 집착하는 것을 가장 꺼리는 것입니다. 이 말을 보시고도 오히려 합치하지 않으신다면, 잠시 각자 자신이 아는 바를 높이고, 논변을 중지하고 공부를 더하기를 기다린 후에 다시 논변하는 것이 어떻겠습니까?

14. 성호원에게 답함

사람의 견해는 세 층으로 나눌 수 있습니다. 성현의 글을 읽어서 그 명목을 아는 것이 한 층입니다. 이미 성현의 글을 읽어서 그 명목을 알고 나서도, '깊이 생각하고 정밀하게 살펴 훤하게 그 명목의 이치를 깨달아서, 마음의 눈으로 그 성현의 말이 과연 나를 속이지 않는다는 것을 명료하게 아는 것이 또 한 층입니다. 그러나 이 한 층 가운데에도 여러 등급이 있습니다. 그 일단만 깨달은 이도 있고, 전체를 깨달은 이도 있습니다. 또한 전체를 깨달음에 있어서도 얕고 깊음이 있습니다. 요컨대 단순히 입으로만 읽고 눈으로만 보는 그런 방식이 아니고, 마음으로 깨달음이 있기에 함께 한 층이 된 것입니다. 이미 명목의 이치를 깨달아서 분명하게 마음의 눈에 두고, 또 실천하고 힘써 행하여 아는 바를 확충하고, 지극한 데에 이르러서는 친히 그 경지를 밟고, 몸소 그 일을 행하면서, 단순히 눈으로 보는 것을 넘어서는 것이 있으니, 이같이 한 뒤에라야 비로소 '참으로 안다'고 말할 수 있습니다. 가장 낮은 한 층은 남의 말만 듣고 좇는 사람이며, 가운데의 한 층은 바라만 보는 사람이며, 가장 높은 한 층은 그 경지를 밟아서 친히 본 사람입니다.

비유하건대, 여기에 정상의 경치가 이루 형언할 수 없을 정도로 절묘한 높은 산 하나가 있다고 합시다. 어떤 사람은 그 산이 어디에 있는지도 알지 못하면서 다만 사람들의 말만 듣고 믿어서, 다른 사람이 정상에 물이 있다고 하면 물이 있는 줄로 알고, 다른 사람이 정상에 돌이 있다 하면 또한 돌이 있는 줄로 압니다. 자기가 보지 못하고 오직 다른 사람의 말만 추종하기 때문에, 혹 다른 사람이 물도 돌도 없다고 하여도 그 진위를 파악하지 못할 것입니다. 사람의 말은 서로 다르고, 나의 관점이 정립되어 있지 않다면 어떤 사람을 선택하여 그 말을 추종하지 않을 수 없습니다. 그 사람이 신뢰할 만한 사람이라면 그 말 또한 신뢰할 수 있습니다. 성현의 말씀은 반드시 신뢰할 수 있기 때문에, 그 말씀에 추종할 뿐, 이길 수 없습니다. 그러나 이미 그 말씀을 추종한다고 할지라도 그 뜻의 소재를 알지 못한다면, 간혹 사람들이 신뢰할 만한 사람의 말씀을 잘못 해석하여 전한다고 할지라도 그 말을 추종하지 않을 수 없을 것입니다.

요즘 학자들의 도리에 대한 소견 또한 이와 같습니다. 단지 성현들의 말씀만 추종하고 그 진정한 뜻을 알지 못하기 때문에, 간혹 그 본뜻을 잃은 이도 있고, 기록이 잘못된 것을 보고도 오히려 인용하며 억지로 합치시켜 추종하는 이도 있습니다. 이미 본인 스스로 볼 만한 식견을 가지고 있지 못하면 그 형세가 이와 같지 않을 수 없습니다.

어떤 사람은 다른 사람의 지도를 잘 받아서 그 산이 있는 곳을 알아 머리를 들어 바라보매, 정상의 절묘하고 훤한 경치가 눈에 가득 들어옵니다. 이미 스스로 바라보았기 때문에, 다른 사람이 잘못 전하는 것이 어찌 그를 동요하게 할 수 있겠습니까? 이에 그 절묘한 경치를 즐거워하여 반드시 몸소 그 경지를 밟고자 정상에 오르려고 하는 이가 있습니다. 또 이미 그 경치를 보기만 하고는 스스로 즐겁게 여기면서, 다른 사람들이 전하는 말만 듣고 추종하는 사람을 내려다보며 자기도 모르게 손뼉을 치고 크게 웃으며 이에 만족해 정작 정상에는 오르려고 하지 않는 이도 있습니다.

그리고 산을 바라보는 사람 중에도 차이가 있습니다. 동쪽에서 산의 동쪽 편만 보는 이도 있고, 서쪽에서 서쪽 편만 보는 이도 있고, 동서에 구애되지 않고 그 전체를 두루 보는 이도 있습니다. 비록 부분과 전체의 차이는 있으나, 이들은 모두 스스로 본 사람들입니다. 자기 스스로 보지 못하고, 다른 사람의 말만 추종하는 이는 비록 전체를 말한다고 할지라도 자기 자신의 말이 아니기 때문에 앵무새가 사람의 말을 전하는 것과 같습니다. 어찌 한 면이라도 직접 바라본 이의 마음을 설복시킬 수 있겠습니까?

또 어떤 이는 이미 절묘한 경치를 바라보고 한없이 즐거워하여 옷을 걷어붙이고 활보하며 부지런히 산에 올라가지만, 짐은 무겁고 길은 먼데다 역량에는 한계가 있어 정상까지 다 올라가는 이는 퍽 드뭅니다. 이미 산의 정상까지 다 오르면 절묘한 경치가 모두 내 것이니, 단순히 바라보는 것에 비할 바가 아닙니다. 그러나 정상에 오르는 것 가운데에도 또한 차이가 있습니다. 산의 동쪽 편만 바라보고 동쪽 편으로 오른 이도 있고, 또 서쪽 편만 바라보고 서쪽 편으로 오른 이도 있고, 그 전체를 조망하고 올라가보지 않은 데가 없는 이가 있습니다. 한쪽 편으로만 오른 이는 비록 정상에는 올랐다 하더라도, 산에 오르는 극진한 공력을 다했다고는 할 수 없습니다.

대개 이런 세 층이 있지만, 그 중간의 곡절은 낱낱이 헤아릴 수 없을 정도로 다양합니다. 먼저 그 산의 소재를 알고, 비록 조망할 능력은 없지만 산에 오르기를 쉬지 않아서, 어느 날 아침 정상에 이르면 발과 눈도 함께 이르러서 곧바로 내 것이 되는 이(증자와 같은 부류의 사람)가 있습니다. 또 그 산의 소재를 알지 못한 채 우연히 산길을 가다가 산에 오를 수는 있었으나, 원래 그 산을 알지 못했고 또한 정상을 조망하지도 못하였기 때문에 끝내 정상에 이르지 못한 이(사마온공司馬溫公)와 같은 부류의 사람도 있습니다. 이와 같은 부류를 어떻게 전부 열거할 수 있겠습니까? 그렇지만 이것으로 비유해보면, 오늘날 배우는 이들은 대개 다른 사람의 말만 추종하기 때문에, 비록 말에서는 아무런 하자가 없는 것 같지만, 다른 사람의 것에 의존하여 모방하는 것에 불과합니다. 그러나 의존하고 모방하는 말 가운에서도 하자가 없는 사람들을 많이 찾아볼 수 없으니, 더욱 한탄스러운 일입니다.

만약 공자 문하의 제자들과 정자·주자 문하의 제자 중에 근기根機가 온전하지 못하고 깊지도 못한 이들이 있다면, 이는 모두 한쪽 편만을 바라본 이들입니다. 증점曾點[148]은 전체를 조망하고, 그것으로만 즐거움을 여겨 산에 오르려고 하지 않았기 때문에 광狂[149]에 그친 사람입니다. 증점의 학문은 사람의 삿된 욕망이 전부 없어진 곳에 하늘의 이치가 흘러 움직여서 처하는 곳에 따라 충만하여 흠결이 없음을 보았으니, 그 흉중의 즐거움이야 어떠했겠습니까?[150] 다른 여러 선생님들이 한쪽 편만 보고 일의 말단에만 얽매여 삼가 조신하는 것을 내려다보고 어찌 박수치며 크게 웃지 않을 수 있었겠습니까? 비록 그렇게 했다고는 하나 그는 여기에만 즐거워하였을 뿐, 일찍이 머리를 숙이고 산에 오르는 공부가 없었으므로 자기 몸을 단속하는 행실은 도리어 다른 여러 선생님들의 삼가 조신하는 것만 못하였으니, 보았던 물건이 어찌 자기 물건이 될 수 있었겠습니까?

안자·증자·자사·맹자·주자周子·장자·정자·주자朱子와 같은 이들은 조망하는 데에만 그치지 않고, 몸소 그 경지를 밟았습니다. 주자朱子가 예순이 되던 해에 비로소 "나는 금년에 드디어 의심이 없어졌다"고 하였으니, 이는 몸소 보았다는 말씀이며, 맹자의 이른바 '자득'[151]이라는 것 역시 이 경지를 가리키는 것입니다. 그중에서도 안자와 명도明道는 공부하기가 매우 쉬웠으니 비유하건대, 마치 사람이 살던 곳이 정상과 본래 멀지 않아, 눈을 뜨고 발을 옮기면 힘들이지 않고도 도달하는 것과 같습니다.

성인은 본래 정상에 있는 사람입니다. 비록 본래부터 정상에 있었더라도 정상의 무궁하고 절묘한 경치는 두루 관람하지 않을 수가 없기 때문에 비록 공자의 '태어나서 알고 편안히 행하는 것'[152]으로서도 예절과 음악, 명목과 사물과 기구를 만들고 수를 헤아리는 것 등은 반드시 다른 사람에게 물어 본 뒤에 알았던 것입니다.

백이와 유하혜柳下惠 같은 무리는 비록 정상에 올라갔다 하더라도 각각 한쪽 편에만 처하여 전체를 자기 것으로 삼지 못했습니다.[153]

그리고 이단들이 지시하는 이른바 정상이란 것은 이 산이 아닙니다. 이단들에게는 다른 산의 정상이 있어, 거기에는 경악할 만한 물건이 있고 가시덤불이 길을 막고 있는데도 미혹된 자들이 거기에 좇아가니, 또한 슬픈 일이 아니겠습니까? 사람으로 태어나 능히 이 산을 조망하지 못하고, 한갓 다른 사람의 말만 믿는다면, 만약 다른 사람이 다른 산을 가리켜 이 산이라고 해도 그 사람이 평소에 믿고 중하게 여기는 사람이라면 반드시 옷을 걷어붙이고 가시덤불을 헤치면서 좇아갈 것이니, 어찌 더욱 슬프지 않겠습니까?

만약 산을 직접 조망하는 이라면 어찌 이런 걱정이 있겠습니까? 다만 한쪽 편만 조망하는 이는 조망한 것이 온전하지 못하기 때문에, 비록 본인은 이단에 유혹되지 않았다고 할지라도, 발언이 혹 어긋나기도 하여 도리어 다른 사람을 그르치게 할 수 있으니, 가시덤불을 헤치고 가는 이를 억지로 조장하지 않을 것이라고 확언할 수 없습니다.[154] 바로 이 점 때문에, 더욱 눈을 밝게 뜨고 대담하게 말을 극진하게 하여 밝게 변석하지 않을 수 없습니다.

근자에 정암·퇴계·화담花潭[155] 세 선생님의 학설을 살펴보았더니, 정암이 최고이고, 퇴계가 다음이며, 화담이 또 그다음입니다. 이분들 가운데 정암과 화담은 스스로 터득한 측면이 많고, 퇴계는 의존적인 측면이 많습니다. 그러나 한결같이 주자의 설을 따랐습니다.

정암은 전체를 보았지만, 완전히 밝지는 못한 점이 조금 있습니다. 또한 주자를 깊이 신봉하지 못하여 그 뜻을 적확하게 보지 못한 측면이 있습니다. 그는 기질이 영매英邁하고 아주 빼어났기 때문에 말이 혹 과도한 것이 있어 이치와 기운을 하나의 물건으로 보는 병통이 조금 있는 듯합니다. 하지만 그 실상을 보면 이치와 기운을 하나의 물건이라고 한 것이 아니라, 본 것에 완전히 밝지 못해 말이 혹 과도했을 따름입니다.

퇴계는 주자를 깊이 신봉하여 그 뜻을 깊이 구하면서 기질이 정밀하고 자세합니다. 그래서 그가 공부한 것 또한 깊어 주자의 뜻에 부합되지 않는다고 말할 수 없고, 전체에 대해서도 본 것이 없다고 할 수는 없습니다. 그러나 훤하게 관통한 경지에는 아직 이르지 못한 측면이 있기 때문에, 본 것이 밝지 못한 점이 있고 말에서 혹 조금 어긋나는 것이 있습니다. '이치와 기운은 서로 발동한다〔이기호발〕'와 '이치가 발동하면 기운이 따른다〔이발기수〕'는 학설은 지식과 견문에서 도리어 결점이 되었습니다.

화담은 총명이 남보다 뛰어났지만 중후함이 부족하여 독서와 궁리에서 자못 문자에 구애되지 않고 자기의 의사를 많이 썼습니다. 총명이 다른 사람보다 뛰어났기 때문에 보는 것은 어렵지 않았으나, 중후함이 부족했기 때문에 적게 얻고도 만족했습니다. 그는 이치와 기운이 서로 떠나지 못한 오묘한 곳에 대해 명료하게 보아서, 다른 사람들이 글만 읽고 의존하는 것과는 견줄 것이 아니어서, 곧바로 그것을 지극한 즐거움으로 삼았습니다. 그래서 그는 '담일청허한 기운은 어떤 사물에도 있지 않음이 없다'고 하면서, 스스로 이것이 "수많은 성인이 다 전하지 못한 미묘한 도리를 터득했다"고 하였습니다.[156] 다만 그는 이 말 앞에 다시 '이치는 통하고 기운은 국한된다〔이통기국〕'는 한 구절이 있어 '〔도를〕 계승하는 선과 〔도를〕 완성하는 본성"[157]의 이치는 어떤 사물에도 있지 않음이 없지만, 담일청허한 기운은 있지 않은 데가 흔하다'는 것을 알지 못했습니다.

대개 이치는 변함이 없으나, 기운은 변함이 있습니다. 그래서 근원의 기운이 〔끊임없이 만물을〕 생성하기를 그치지 않아, 이미 왔던 사물은 지나가 버리고 오는 사물은 계속해서 이어질 따름입니다. 따라서 왔던 기운은 이미 있는 곳이 없는데, 화담은 "하나의 기운이 영원토록 존재하여, 왔던 사물도 지나가 버리지 않고, 오는 사물도 계속해서 이어지지 않는다"[158] 하였으니, 이것이 바로 화담이 기운을 이치로 오인한 병통이 있는 까닭입니다. 그러나 이는, 부분적이든 전체적이든 간에 화담이 스스로 터득한 견해입니다.

지금 학자들은 입만 열면 곧 "이치는 무형이고, 기운은 유형이니, 이치와 기운은 하나의 사물이 아니다"라고 말하지만, 이런 말들은 자신이 터득한 것이 아니라, 다른 사람의 말을 전하는 것일 뿐입니다. 따라서 어찌 화담과 논쟁하여 그 마음을 설복시킬 수 있겠습니까? 오직 퇴계가 논파한 학설은 깊이 화담의 병통에 적중하여 후학들의 그릇된 견해를 구제할 수 있습니다. 대개 퇴계는 의존적인 측면이 많아서, 그 말에 얽매임과 조심스러움이 있었으며, 화담은 스스로 터득한 측면이 많으므로 그 말이 즐겁고 호방했습니다. 조심스러웠기 때문에 실수가 적고, 호방했기 때문에 실수가 많으니, 차라리 퇴계의 의존적인 태도를 취할지언정 화담의 스스로 터득하는 바를 본받아서는 안 될 것입니다.

이러한 의론은 마땅히 저의 식견이 조금 진보되어, 도리를 밝힘에 익숙한 뒤에 정론을 만들어서 학자들에게 보여야 할 터인데, 지금 형께서 감응하여 분발시켰기 때문에 감히 조금도 숨기지 못하고 한꺼번에 설파하여, 학설을 드러내는 시기가 아직 너무 이르다고 여겨집니다. 한 번 본 뒤에는 돌려보내 주시기를 간절히 바랍니다. 다른 사람의 눈에 띄지 않게 하였다가, 뒷날 다시 그 득실을 살펴보려고 합니다.

15. 성호원에게 보냄

이치와 기운은 시작이 없기에, 실로 선후를 논할 수 없습니다. 다만 그렇게 된 까닭을 미루어 궁구해보면, 이치는 지도리며 근본 바탕이기 때문에 부득이 먼저라고 하겠습니다. 성현의 말씀은 비록 수가 많다고 할지라도 큰 줄거리는 이와 같은 것에 불과합니다.

만일 사물의 측면에서 본다면 분명히 먼저 이치가 있고 난 다음에 기운이 있습니다. 대개 천지가 아직 생겨나기 이전에 천지의 이치가 없다고 할 수 없으니, 이것을 미루어보면 모든 사물이 전부 그러합니다. 그런데 지금 형께서는 도리어 "본원을 궁구하면 선후가 있고, 사물의 측면에서 보면 선후가 없다"고 말씀하고 계십니다. 모순과 예착枘鑿[159]이 아주 심하니, 감히 의견이 하나로 합일하기를 바랄 수 없게 되었다고 하겠습니다.

정자의 말에 "음양은 처음이 없다"고 하였는데, 이 말이 거짓으로 핑계 댄 말이겠습니까, 아니면 명백하게 바로 말한 것이겠습니까? 이 말이 거짓으로 핑계 댄 말이라고 한다면 형의 말씀이 옳겠지만, 그렇지 않다면 어찌 "음양이 처음이 있다"고 할 수 있겠습니까? 형의 학설은 곡절이 같지 않겠지만, 대개 "태일太一에 처음이 있다"고 하는 것이 그 근본이라고 여겨집니다. 만일 이 말에 병통이 없으면 저의 설명이 옳지 않은 것입니다. 그런데 이치와 기운은 본래부터 혼합되어, 모두가 기본적으로 존재하는 것이지, 처음 생겨난 때가 있었던 것이 아닙니다. 그러므로 선유들이 추구하는 것도 한 새싹이 돋아나는 초기를 시작으로 간주하거나, 혹은 한 해의 초순을 시작이라 한 데 불과하고, 형과 같이 본원을 궁구하면 필시 '태일에 처음이 있다'고 하는 말은 들어보지 못했습니다. 또한 형께서는 실제로 선후가 있다고 생각하여 저의 미망한 견해를 조롱하고 계십니다. 그렇지만 모르겠습니다만, 형께서는 '선후가 없다'는 말 또한 거짓으로 핑계 댄 말이라 생각합니까?

옛날 노자老子의 말에, "유는 무에서 생긴다"[160] 하였고, 장자의 말에, "유한 것이 있고 무한 것이 있으며, 처음에 무가 있지 않고, 또 처음에 유가 있지 않으며 또 처음에 유와 무가 있지 않다"[161]하였으니, 이러한 것들은 모두 '태일의 처음'에 대한 말입니다.

대저 모든 사물은 처음이 있으면 반드시 끝이 있습니다. 따라서 천지가 비록 지극히 크다고 할 수 있지만, 오직 처음이 있기 때문에 변하고 사멸함을 면하지 못합니다. 만일 이치와 기운의 근원이 진실로 시작이 있었다고 한다면, 필시 변하고 사멸하여 기운이 없어질 때가 있을 것이니, 그 모양과 상황이 어떠하겠습니까? 이치와 기운만이 오직 처음이 없기 때문에 또한 끝이 없고, 처음과 끝이 없기 때문에 다함도 없고 그 바깥도 없습니다. 일찍이 형과 함께 "태극이 움직여야 양陽을 낳는다"는 것을 논하다가, 제가 말하기를, "이것은 지도리이며, 근본 바탕에 관한 학설이며, 음양이 무로부터 생겨난다는 것이 아니다"라고 하니, 형께서도 옳다고 말씀하시기에 제 마음에 다행으로 여겼습니다. 그런데 지금 뜻밖에 형께서 "태일에 처음이 있다"라는 학설을 만들어내어, 음양이 무에서 나왔다고 하는 노장의 학설로 귀결되는 것을 면하지 못하니, 매우 놀라서 침식寢食이 불편할 정도입니다. 간절히 바라옵건대, 도리는 쉽게 말할 수 없으니, 오랜 시간 깊이 생각하여 음미하고 사색하십시오.

이치와 기운에 관한 학설은 강령이 이미 합치되었으니, 사소한 차이는 깊이 분별하고 급급하게 합치하려고 할 필요는 없습니다. 오래 시일이 흐르다 보면 반드시 융합할 때가 있을 것입니다. 이전에 분분했던 변론은 대체로 서로의 뜻을 이해하지 못한 데서 나온 것이라서, 생각하면 하찮은 것이라고 할 수 있습니다.

"이치는 통하고 기운은 국한된다"는 것은, 요컨대 본체상으로 말해야 하지만, 또한 본체를 떠나 따로 흘러 움직임에서 구할 수 없습니다. 사람의 본성은 사물의 본성이 아닌 것은 기운이 국한되기 때문입니다. 사람의 이치가 곧 만물의 이치인 것은 이치가 통하기 때문입니다. 모나고 둥근 그릇은 같지 않지만 그릇 속의 물은 한가지이며, 크고 작은 병은 같지 않지만 병 속의 빈 공간은 한가지입니다. 기운의 근본이 한가지인 것은 이치가 통하기 때문이며, 이치가 만 가지로 다르게 나타나는 것은 기운이 국한되기 때문입니다. 본체 가운데 유행이 갖추어져 있고, 유행 가운데 본체가 들어 있으니, 이것으로 미루어본다면, '이치는 통하고 기운은 국한된다'는 학설이 과연 일변으로 떨어진 것이겠습니까? '사랑〔愛〕을 인이라 하고, 마땅함〔宜〕을 의義라고 말한다'고 정의한 것은 하나가 아니고 많은데, 어찌 선유들이 일찍이 한 글자로써 그 도리를 논의하지 않았겠습니까? 이런 것은 깊이 생각하고 상세히 연구해야 할 것이며, 또한 억지로 합치하려고 해서도 안 될 것입니다.

지난번 편지에서 저의 학설이 너무 모가 난다고 하신 형의 말씀은 과연 지당하니, 심심한 사의를 표합니다. 다만, "기운은 끊기고 이치는 통하며, 형상은 있고 기운은 없으며, 인심은 본연의 기운을 잃어버린 것이다" 등과 같은 말들은 모두 저의 표현이 아니니, 저의 지난번 편지를 다시 보는 것이 어떻겠습니까? 만약 그 말을 변경시켜서 도리어 책망하면 이는 스스로 원척元隻[162]을 만들어 그 소송에서 이기려고 하는 것과 같으니, 어찌 마음을 공평하게 하지 못한 허물이 없겠습니까? 우스운 일입니다.

"편벽되고 막혀서 본연의 기운을 잃었다"고 하는 말은 비록 부당한 것 같지만, 맹자의 "그 본마음을 잃었다"[163]는 말로써 그 도리를 구해보면 아마도 이치에 어긋나지 않을 것 같습니다. 본마음은 잃을 수 없음에도 불구하고 맹자는 오히려 잃었다고 말했는데, 하물며 '담일'한 기운이 변하여 더럽게 된 것을 잃었다고 할 수 없겠습니까? 다시 생각해보는 것이 어떻겠습니까. 심지어 면재勉齋[164]의 학설을 가지고 강적을 얻었다고 하는 것은 더욱 희롱하는 말에 가깝습니다. 만약 도리로써 서로 변론한다면 꼴을 베고 나무하는 이에게도 물을 수 있고, 광언狂言도 택할 수 있기에, 저 또한 입을 놀릴 수 있었던 것입니다. 이제 만약 도리로써 구하지 않고 강약으로만 본다면, 한 사람의 퇴계가 열 명의 이이를 이길 수 있을 터인데, 하물며 면재까지 합하여 도와준다면야 더 말할 것이 있겠습니까? 이는 여러 호랑이가 한 마리 양을 잡는 것과 같은 격입니다. 나머지는 더 말할 수 없으니 만나서 진술하겠습니다.

부록

안응휴에게 답함[165]

감정이란 곧 마음의 움직임이다. 기운의 기틀이 움직여 감정이 되고, 그 기틀에 타는 것은 이치이다. 따라서 이치가 감정 속에 있는 것이지, 감정이 곧 이치인 것은 아니다.

"본성이 발현하여 감정이 되니, 감정이 처음 발현할 때에는 선하지 않음이 없다"고 말한 것은, 다만 선한 감정의 한쪽 변만을 말한 것이지, 선하고 악한 감정을 통틀어 논한 것이 아니다. 사단은 곧 밝은 덕의 발현이니, 이름과 조목이 어찌 다르겠는가? 마음과 본성을 합해서 총칭하면 밝은 덕이고, 그 감정이 발동한 곳을 가리켜 말하면 사단이다.

선한 감정은 하늘의 이치에 따른 것이니, 감정에 나아가 하늘의 이치가 흘러 움직이는 것을 보는 것이며, 감정이 바로 하늘의 이치라는 것은 아니다. 정자가 말하기를, "마음은 곡식의 종자와 같으니, 그 싹이 터서 나오는 본성이 인仁이요, 양의 기운이 발동하는 곳은 감정이다"[166]라고 하였다. 양의 기운이 발현하는 곳이 바로 싹〔芽〕인데, 지금 그대의 이론은 복숭아의 씨〔桃仁〕를 인이라 하고, 복숭아의 싹을 인의 발현이라고 여기고 있다. 이러한 이론은, 생겨나게 하는 이치의 오묘함은 싹에 있지만 싹이 생겨나게 하는 이치가 아니라는 것을 알지 못하니, 이는 곧 이치와 기운의 분별에 어두운 것이다.

주자의 이른바 '온화·자애로운 도리〔溫和慈愛底道理〕'라는 것이 곧 이른바 '사랑의 이치〔愛之理〕'이다. 여기서 '저底' 자는 '지之' 자와 같은 뜻인데, 무엇이 같지 않겠는가? 대저 본성이 곧 이치이며, 이치는 선하지 않음이 없다. 다만 이치는 독립할 수 없고 반드시 기운에 의탁한 이후에 본성이 되며, 기운에는 밝음과 탁함, 순수함과 잡박함이 정해져 있다. 그러므로 그 본연을 말한다면 본성은 선하고, 감정 역시 선하다. 그런데 기운을 겸하여 말한다면 본성에도 선과 악이 있는데, 감정에 어찌 선과 악이 없겠는가? 만일 감정에 선하지 않음이 없다고 한다면, 이는 성인聖人을 가리켜서 하는 말이지, 천하의 감정을 통칭하여 논의하는 것이 아니다.

본성에 비록 선과 악이 있으나, 마음이 아직 발동하지 않았을 때에는 기미機微가 움직이지 않아 사덕四德이 혼연하여 기운이 용사하지 않기 때문에 《중용》에서는 '중中'이라고 말했는데, 중이란 큰 근본이다. 이미 움직인 이후에 기운이 맑고 밝아서 이치에 따르면, 바로 절도에 맞는 감정이 되니 이것이 바로 통달한 도〔達道〕이다. 어찌 털끝만 한 흠이라도 있겠는가? 오직 그 기질이 일정하지 않아, 움직일 때에 기운이 혹 맑지 못하여 이치에 따르지 못하면 그 발동하는 것이 절도에 맞지 못하여 점점 악으로 흐르게 된다. 이는 움직일 때부터 그런 것이지, 처음에는 반드시 선하고 끝에 가서 악해지는 것은 아니다. 그러므로 주자周子가 말하기를, "성실함 자체는 무위이고, 기미는 선악이다"[167]라고 하였다. '성실함 자체는 무위이다'라는 것은 마음이 아직 발동하지 않은 때이고, '기미'라는 것은 마음의 움직임이 미세한 것이다. 움직임이 미세할 때에 벌써 선악이 있으니, 기미가 바로 감정이며, 의지라는 것은 감정을 근거로 하여 계획하고 비교하는 것이다. 감정은 갑자기 발동되어 자유로이 할 수 없지만, '의지'는 이 감정을 근거로 하여 헤아려 생각하여 운용하는 것이다. 그러므로 주자는 "의지는 바로 감정을 생긴 후에, 감정을 근거로 하여 작용한다"라고 하였다.

근세의 유자들은 흔히 '감정은 선하지 않음이 없고, 의지에는 선악이 있다'고 하니, 이것은 본연의 본성과 감정이 있는 것만 알고, 기운을 겸한 본성과 감정이 있다는 것을 모르는 것이며, 의지의 명목만 알고 의지의 실상을 알지 못하는 것이다. 그러므로 나는, "마음이 처음 움직인 것은 감정이고, 이 감정을 근거로 하여 헤아려 생각하는 것이 의지다"라고 하였다. 성인이 다시 나온다고 해도 이 말은 바꾸지 않을 것이다.

인심과 도심은 감정과 의지를 총괄하여 말하는 것이다. 사람은 본성이 없는 이가 없고, 또한 형기가 없는 이가 없다. 마음의 지각이 형기의 추위·더위·주림·배부름·수고로움·편함·좋아함·싫어함으로 인하여 치우쳐 왜곡되게〔旁曲〕[168] 발동하면 인심이라 말한다. 인심은 처음부터 불선한 것은 아니지만, 쉽게 '사람의 사사로운 욕심'으로 흘러가기 때문에 '위태롭다'고 한다. 마음의 지각이 곧바로 본성의 인의예지로 인하여 발동하면 도심이라고 말한다. 이 도심은 이미 선하지 않음이 없기 때문에 확충하기 위해 노력만 하면 되는 것이지만, 다만 정미하여 보기 어렵기 때문에 '은미하다'고 한다. 마음이 작용하여 발동된 것으로 보면 두 명칭이 있지만, 마음의 지각은 하나이기 때문에 인심과 도심이 이미 두 마음이 아니다.

인심과 도심이 이미 두 마음이 아니라면, 사단과 칠정도 두 가지 감정이 아니다. 감정의 총칭이 칠정이고, 그 선한 감정만은 가리어 사단이라고 한다. 주자가 '이치에서 발동하고 기운에서 발동한다'고 한 것은 다만 사단은 이치를 위주로 하고, 칠정은 기운을 겸한다는 것을 가리켜 말한 것으로, 전하여 기록한 문구가 오류가 없다고만 할 수 없을 것이다. 만약 칠정과 사단을 반드시 두 변으로 나눈다면, 사람의 본성 또한 본연지성과 기질지성으로 나누어져, 두 가지 본성이 될 것이다. 어찌 이런 도리가 있겠는가?

하늘의 이치는 무위이니, 반드시 기운의 기틀에 타야 움직인다. 그러므로 기운이 움직이지 않고 이치가 움직인다는 것은 있을 수 없다. 본성이 기운에 타고 움직이면 바로 감정이 되니, 기운을 떠나서 감정을 구하는 것은 어찌 잘못된 것이 아니겠는가? 그렇다면 감정을 이치라고 하는 것은 그릇된 견해임을 알 수 있다. 만약 이치가 감정 속에 있다고 말하면, 그것은 옳다. 온화하고 자애로운 것은 감정이고, 온화하고 자애로운 까닭은 이치이니 곧 인仁이다. 만일 온화·자애로움을 이치라고 한다면, 이는 도리와 그릇의 구분을 모르는 것이다. 이치가 아직 발현되지 않았을 때 혼연히 온전한 것은 인의 본체이고, 이치가 이미 발현하여 이 마음이 온화·자애로우며, 이치도 또한 의착되어 있다. 이치가 온화·자애 속에 있는 것은 이치의 작용이지, 온화·자애가 곧 이치인 것은 아니다.

이치가 혼연하여 무엇이라고 이름을 붙일 수 없는 것은 '그러한 것의 까닭이며, 이치가 발현되어 온화·자애 속에 있는 것은 마땅히 그러해야 하는 것이다. 하늘의 원형이정元亨利貞은 바로 사람의 인의예지이며, 춘하추동의 온溫·난暖·양凉·냉冷[169]은 사람의 자애·공경·단제斷制·분별[170]과 같은 것이다. 지금 만일 온·난·양·냉을 원형이정이라고 한다면 도리를 아는 이가 아니다. 어찌 자애·공경·단제·분별을 곧바로 이치라고 할 수 있겠는가? 이런 곳은 지극히 정밀하고 미묘한 것이니, 아마 대강대강 생각해서는 바로 깨우치기 어려울 것이다.

인심과 도심에 관한 도설[171]

신臣이 살핍니다.

하늘의 이치가 사람에게 부여된 것을 본성이라 하고, 본성과 기운이 합하여 한 몸을 주재하는 것을 마음이라고 하며, 마음이 사물에 감응하여 외부에 발현하는 것을 감정이라고 부릅니다. 본성은 마음의 본체이고, 감정은 마음의 작용입니다. 마음은 '아직 발현되지 않은 것'과 '이미 발현된 것'을 총괄하는 명칭입니다. 그러므로 마음은 본성과 감정을 총괄하고 주재한다고 합니다.

본성에는 다섯 조목이 있으니, 인仁·의義·예禮·지智·신信입니다. 감정에는 일곱 조목이 있으니, 희喜·노怒·애哀·구懼·애愛·오惡·욕欲입니다.

감정이 발동할 때 도의를 위하여 발현하는 것이 있습니다. 가령 어버이에게 효도하고자 하고 임금에게 충성하는 것, 어린애가 우물에 빠지는 것을 보고 측은히 여기는 것, 의義가 아닌 것을 볼 때 부끄러워하고 미워하는 것, 종묘宗廟를 지나갈 때 공경하는 것과 같은 종류이니, 이것을 도심이라고 부릅니다.

입과 몸을 위하여 발동하는 것이 있습니다. 가령 배고프면 먹으려 하고, 추우면 입으려 하고, 피로하면 쉬려고 하고, 정기가 왕성하면 아내를 생각하는 것과 같은 종류이니, 이것을 인심이라 부릅니다.

이치와 기운은 혼융하여 원래 서로 떠나지 않는 것이니, 마음이 발동하여 감정이 될 때, 발동하는 것은 기운이고, 발동하는 까닭은 이치입니다. 기운이 아니면 능히 발동할 수 없고, 이치가 아니면 발동하는 까닭이 없으니, 어찌 이치의 발동과 기운의 발동으로 구분할 수 있겠습니까?

다만 도심 또한 기운에서 떠나지는 못하지만, 도심이 발동하는 것은 도의를 위한 것이기 때문에 본성과 천명에 소속시킵니다. 인심 또한 이치에서 나왔지만, 인심이 발동하는 것은 입과 신체를 위한 것이기 때문에 형기에 소속시킵니다. 마음 가운데에 당초부터 두 가지 마음이 있는 것이 아니라, 다만 그 발동하는 곳에 두 가지 단서가 있을 뿐입니다. 그러므로 도심을 발동하는 것도 기운이지만 성명性命이 아니면 도심은 발생하지 못하고, 인심의 근원이 되는 것은 이치지만 형기가 아니면 인심은 발생하지 않습니다. 이것이 바로 '혹 성명의 바른 데에 근원을 두기도 하고, 혹 형기의 사사로움에서 생기기도 한다'는 것, 그리고 '하늘의 이치의 공의로움과 인욕의 사사로움'에 차이가 있는 까닭입니다.

도심은 순수한 하늘의 이치이기 때문에 선만 있고 악은 없으며, 인심은 하늘의 이치도 있고 사람의 삿된 욕망도 있기 때문에 선도 있고 악도 있습니다. 이를테면 마땅히 음식을 먹어야 할 때 먹는 것과 마땅히 옷을 입어야 할 때 입는 것 따위는 성현도 면할 수 없는 것으로, 이런 것은 하늘의 이치입니다. 그러나 식색에 대한 집념으로 인해 방탕하게 흘러 악이 된다면, 그것은 사람의 삿된 욕망입니다.

도심은 다만 지키기만 하면 그만입니다. 그러나 인심은 '사람의 삿된 욕망'으로 흐르기 십상이기 때문에, 비록 선하지만 위태롭습니다. 따라서 마음을 다스리는 이는 한 생각이 발동할 때에, 그것이 도심이라는 것을 알면 곧 확충시키고, 인심이라는 것을 알면 곧 정밀하게 살펴 반드시 도심으로써 절제하고, 인심이 항상 도심의 명령을 듣게 되면 인심도 또한 도심이 될 것입니다. 그렇게 한다면 어떤 '하늘의 이치'라도 보존되지 않겠으며, 어떤 '사람의 삿된 욕망'이라도 막지 못하겠습니까?

진서산[172]은 '하늘의 이치'와 '사람의 삿된 욕망'을 논한 것이 지극히 분명하여 배우는 사람들이 공부하는 데에 매우 유익합니다. 그러나 인심을 사람 욕심의 사사로움으로 환원시켜 극복해서 다스리라고만 하였으니, 미진한 데가 있습니다.

주자가 이미 "비록 상지上智라도 인심이 없을 수 없다"[173] 하였으니, 성인도 인심이 있는데, 어찌 인심을 전부 '사람의 삿된 욕망'이라고 할 수 있겠습니까? 이것으로 본다면, 칠정이란 곧 인심과 도심, 선과 악의 총칭입니다. 맹자는 칠정 중에서 선한 한쪽 변만 뽑아내어 사단이라고 지목하였으니, 사단은 곧 도심과 인심의 선한 부분입니다.

사단에서 '신信'을 말하지 않은 것은, 정자가 해설하기를, "성실한 마음이 있어 사단이 된 것이니 신은 그 가운데 있다" 하였습니다. 대개 다섯 가지 본성 중에서 신은 오행의 토土와 같이, 정해진 자리도 없고 전담하는 기운도 없이 사시四時에 의존하여 왕성합니다.[174]

논의하는 이들 중에는 혹 사단을 도심으로 간주하기도 하고, 칠정을 인심으로 간주하기도 합니다. 하지만 사단은 진실로 도심이라고 할 수 있겠으나, 칠정을 어찌 인심이라고만 하겠습니까? 칠정 이외에는 다른 감정이 없는데, 만약 치우쳐서 칠정을 인심만 지칭한다고 한다면, 이는 절반〔인심〕만 열거하고 절반〔도심〕은 버리는 것입니다.

자사는 "칠정이 아직 발동하지 않는 것을 중中이라 이르고, 이미 발현한 것을 화和라고 이른다."[175]고 말했습니다. 이는 본성과 감정의 온전한 덕을 논의하면서 단지 칠정만 열거하였으니, 어찌 치우치게 인심만 열거했을 이유가 있겠습니까? 칠정은 인심과 도심, 선과 악의 총칭임은 명백하며 의심할 것이 없습니다.

본성이 마음에 갖추어져 발현하여 감정이 되니, 본성은 본래 선하기 때문에 감정 또한 선하지 않음이 없어야 할 것인데, 감정에 선하지 않음이 있기도 한 것은 어찌된 까닭일까요? 이치는 본래 순수하게 선하지만, 기운에는 맑음과 탁함이 있는데, 기운은 이치를 담는 그릇입니다. 아직 발동하지 않았을 때는 기운이 용사하지 않으므로 중한 본체는 순수하게 선하지만, 발동할 때는 선과 악으로 비로소 나누어집니다. 선한 것은 맑은 기운이 발동한 것이며 악한 것은 탁한 기운이 발동한 것이지만, 그 근본은 단지 하늘의 이치일 따름입니다.

감정 가운데 선한 것은 맑고 밝은 기운을 타고 하늘의 이치에 따라 곧바로 나와서直出 인의예지의 단서가 되기 때문에 사단이라고 지목했습니다. 감정 중에 선하지 않은 것은 비록 이치에 근원을 두었다고 하지만, 이미 더럽고 탁한 기운에 가리어져서 그 본체를 잃고 횡으로 발생하여橫生[176] 혹 지나치기도 하고 혹 모자라기도 하여, 인에 근본을 두면서도 도리어 인을 해치고, 의에 근본을 두면서 도리어 의를 해치며, 예에 근본을 두면서 도리어 예를 해치고, 지에 근본을 두면서 도리어 지를 해치기 때문에 사단이라고 말할 수 없습니다. 그래서 주자周子가 "오성五性이 감응하여 움직여 선악이 나눠진다"고 하고, 정자가 "선악이 모두 하늘의 이치이다"라고 하고, 주자가 "하늘의 이치로 인하여 사람의 삿된 욕망이 있다"고 말한 것은 모두 이런 뜻입니다. 오늘날의 학자들은 선과 악이 기운의 맑음과 탁함에 연유한다는 것을 알지 못하기 때문에 이론을 탐구해도 해득하지 못하는 것입니다. 그래서 '이치의 발동은 선이 되고, 기운의 발동은 악이 된다' 하여, 이치와 기운을 서로 분리시키는 잘못을 범하였으니, 이

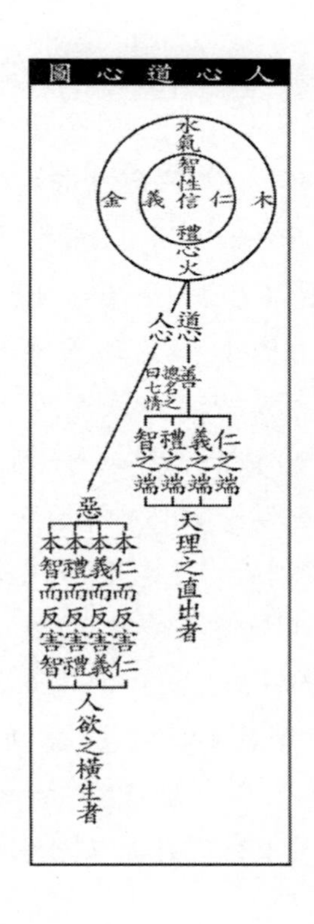

는 밝지 못한 이론입니다.

신은 어리석고 참람함을 헤아리지 않고, 삼가 아래와 같이 도안을 작성해보았습니다.

행장[177]

본관은 경기 풍덕부 덕수현이다…부父의 이름은 이원수李元秀인데 벼슬은 감찰로서 좌찬성에 증직贈職되었고, 그 부인은 의인宜人 신씨申氏로 정경부인에 증직되었다. 선생의 휘諱는 이珥요, 자는 숙헌叔獻이다…선생은 가정嘉靖[178] 병신년(1536, 중종31) 12월 26일에 관동 임영 북평촌에서 태어났다. 태어날 때에 신씨 부인이 태몽으로, 용이 아이를 감싸 품 안에 넣어주는 것을 보았으므로, 어렸을 때 이름을 현룡見龍이라 하였다. 태어나면서부터 남달리 영리하고 뛰어나서 말을 배우면서 바로 글을 알았다. 13세에 진사 초시에 합격했다. 문장이 날마다 진취하여 칭찬이 자자했지만, 그런 것을 달갑게 여기지 않고 드디어 성현의 학문에만 전심했다. 16세에 어머니의 상을 당하여 3년 동안 여묘廬墓했다. 18세에 관례冠禮를 했다…이때에 선생이 막 상복을 벗었으나 애모하는 생각을 이기지 못하여 항상 밤낮없이 부르짖으며 울었다. 하루는 봉은사에 가서 불서를 읽고 그 생사의 설에 깊이 감명하였으며…속세를 떠나 구도해보려 하였다. 19세에 이단 학설의 잘못된 것을 깨달아서 그 학문을 다 버리고 유도儒道에 전심하면서 스스로 경계하는 글을 지었다. 23세에 퇴계 선생을 도산에 가 뵙고, 주일무적主一無適·응접사물應接事物의 요령을 물었다. 그 후 서찰을 주고받으며 거경居敬·궁리窮理와 《중용》과 《대학》의 집주와 〈성학십도〉 등의 학설을 변론하였다…신유년(1561, 명종16)에 아버지의 상을 당하였다. 갑자년(1564)에 사마시司馬試와 문과文科에 모두 장원으로 급제하여, 곧 호조戶曹 좌랑佐郎이 되었다…무진년(1568, 선조1)에 이조 좌랑이 되었는데 외조모의 병이 심하다는 말을 듣고 벼슬을 내놓고 강릉으로 내려가자, 사간원에서 "외조모를 가서 뵙는 것은 법전에 없다"고 탄핵하였으나, 임금이 그 효성을 아름답게 여겨 윤허하지 않았다…기사년(1569, 선조2)에 홍문관 교리가 되었다. 독서당讀書堂의 월제月製〔매달 학문의 진보를 알아보는 시험〕에서, 왕도와 패도, 나라를 다스리고 백성을 편안하게 하는 도를 변론하는, 문답형의 글을 지어 그 이름을 "동호문답"이라 하여, 성상께서 보시게 하였다…임신년(1572, 선조5) 여름에 홍문관 부응교에 제수되자 사은謝恩하고, 병으로 인해 벼슬을 맡을 수 없다 하고는 다시 사양하고 파주로 돌아갔다…을해년(1575, 선조8) 경전과 사서 중에 학문과 정사에 절실한 중요한 말들을 뽑아내어, 같은 것끼리 나누고 차례를 정하되, 수기修己와 치인治人으로 순서를 정해 "성학집요"라 이름 지어 차자箚子〔간략한 상소문〕와 함께 올렸다…신사년(1581, 선조14) 가을에 의정부議政府 우참찬右參贊에 제수되고, 또 숭정대부로 승진하여 우찬성右贊成에 제수되었다…전교를 받들어 〈인심도심도설〉과 〈김시습전金時習傳〉·〈학교모범學校模範〉을 지어 올렸다…갑신년(1584, 선조17) 1월 3일에 병이 났는데, 14일에 서익이 순무어사의 명령을 받아 함경도로 갈 것이라는 말을 듣고는 병든 몸을 추슬러 방략 여섯 조목을 입으로 불러 아우 이우李瑀에게 받아쓰게 해서 서익에게 주었다. 이때부터 병이 더욱 심해져서 그 이튿날 졸하니, 나이 49세였다. 병이 났을 적에 임금이 의원을 보내어 문병하고 약을 내렸는데, 부고를 받게 되자 슬피 통곡하고는 "소식素食을 올리고 사흘간 조회를 열지 말라"고 명하였다. 그러면서 예관禮官을 보내어 조상하고 제사를 지내주었는데, 그 제문祭文에 이르기를, "나라 위해 온 힘을 다한 뒤에야 그만두었으니 경이야 무엇이 슬플 것이 있겠는가만 큰물 가운데서 노를 잃었으니 나는 못내 슬퍼하노라" 하였다…선생은 천품天稟이 지극히 높아서 충후忠厚하고 화락和樂하고 공손하였다. 용모가 빼어나고, 신채神彩가 사람을 경동驚動시켰으며, 말에는 핵심이 있고, 행동에는 한결같음이 있었다…학문을 하는 데 있어서는 마음을 가다듬고 본성을 기르는 것을 근본으로 삼아 한결같이 고요함을 위주로 하여 잠시 선학에 물들기도 했지만, 어느 날 아침에 완전히 깨닫고서 사악한 것을 버리고 바른 데로 돌아와 순수하게 되었다. 하늘과 사람, 본성과 천명의 미묘한 도리와 자기를 닦고 남을 다스리는 도를 끝까지 연구하여 찾아내지 않은 것이 없어서 큰 원칙을 환하게 알았고, 몸과 마음으로 체득하고 실천에 옮겨서 부산한 가운데서도 스스로 단속하기를 더욱 엄하게 하고, 집안에서도 홀로일 때를 삼가니 부끄러울 것이 없었다. 식견이 정밀하고 조예가 깊었으며, 착실하게 실천에 옮기면서도 늘 부족하게 생각했고, 용감하게 앞으로 나아가면서도 오직 미치지 못할까 걱정했다…매일 새벽에 일어나 의관을 정제하고 사당에 나아가 분향하고 절한 뒤에, 서실로 물러 나와서 경전을 두루 읽었는데《주자대전》을 특히 좋아했다…옛집이 파주 율곡촌에 있었기 때문에 옛터에 화석정을 지어놓고 스스로 율곡이라 호를 지었다…그는 조정에 있을 때에는 임금을 인도하여 도로 나아가게 하였다. 반드시 당우삼대唐虞三代를 목표로 삼고 임금께 격물·치지·성의·정심의 학문을 권하여 책으로서 설명하였는데 그 뜻을 밝혀낸 것이 많았다. 매양 원대하게 뜻을 세워 규모를 정하고, 공도公道를 넓혀서 기강을 세우고, 널리 어진 사람을 불러서 조정에 벼슬을 시키고, 낡은 법을 고쳐서 백성의 고통을 깨끗이 없앨 것을 청하였으며, 상소로 진달하는 내용은 모두 당시 정치의 급선무를 정성껏 간절하게 아뢴 것이었다…한번은 경연에서, "미리 군대 십만 명을 양성하여 위급한 일이 있을 때에 대비하옵소서. 그렇지 않으면 십 년이 못 되어 흙이 무너지는 듯한 화가 있을 것입니다" 하니, 정승 유성룡柳成龍은 일이 없이 군대를 양성하는 것은 화를 키우는 것이라 하였다. 당시 난리가 없었던 지가 오래되어 안일한 것에 젖어 경연에 있던 신하들이 모두 선생의 말을 잘못되었다고 여겼다. 선생이 나와서 유성룡에게 말하기를, "나라의 형세가 누란지위累卵之危인데, 시속 선비는 시무時務를 아뢰지 않습니다. 다른 사람이야 진실로 기대할 것이 없지만 그대 또한 이런 말을 하십니까?" 하였다. 임진왜란이 난 뒤에 유 정승이 조정에서 누구에게 말하기를, "지금 와서 보면 이 문성文成이야말로 참 성인이다. 만약 그 말대로 하였으면 나랏일이 어찌 이 지경까지 왔겠는가? 또 그가 전후로 계획한 것을 어떤 사람은 잘못하는 것이라고 하였지만, 지금은 모두 정확히 들어맞아서 참으로 따라갈 수 없으니, 율곡이 만약 살아 있다면 반드시 오늘을 타개할 방법이 있었을 것이다" 하였으니, 참으로 백 년을 기다리지 않고도 안다는 것이다…사람을 가르칠 때에는 그 사람의 귀천을 묻지 않고 오는 사람은 받았으며, 슬기롭고 어리석은 것을 따지지 않고 각각 그 재주에 맞게 가르쳤다. 배우는 이로 하여금 먼저 《소학》을 읽고, 다음에 사서를 읽고, 《근사록》과 《심경心經》을 읽게 하여 반드시 뜻 세우는 것을 먼저 하여 성현聖賢이 되는 것을 목표로 삼게 하였고, 실천하는 것을 힘써서 효제孝悌의 정성을 다하게 하여, 경敬을 도에 들어가는 요체로 삼고, 성誠을 성학聖學의 근본으로 삼아, 차례차례로 잘 인도하여 가르치기를 게을리하지 않았다…선생은 도를 밝히는 것을 당신의 책임이라 여기고 시국을 바로잡는 것을 당신의 근심이라고 여겨, 시골에 가 있더라도 한 번도 임금을 잊어버린 적이 없었고, 여러 차례 임금의 명령을 받들어 나와서 훌륭한 능력을 감춰두지 않았으나, 모두 시행하지 못한 공허한 말이 되고 말았다. 아무리 절실한 말인들 무슨 도움이 있었겠는가? 비록 그러하나 선생의 학문을 논의한 취지가 저술해놓은 여러 책에 뚜렷하게 실려 있고, 전후 상소에 건의하여 아뢴 정책이 모두 문집 가운데 있으니, 뜻있는 선비가 진실로 그 말을 통해 그 마음을 찾아보고 그 정책을 실행하여, 자기 몸에 체득하여 국정에 실행한다면 선생의 도가 당세에는 시행되지 못하였다 하더라도 만세토록 태평 시대를 열어줄 것이니, 그 공이 원대하다 하겠다. 하늘이 세상에 크게 어진 이를 태어나게 한 것이 어찌 우연이라 할 수 있겠는가?

해제

율곡의 철학적 서신,
〈답성호원〉

1. 인간이란 무엇인가

의식이 미미하거나 결여된 동식물은 체계적인 질문과 대답을 추구하기가 용이하지 않을 것이며, 전지전능하다고 주장되는 신은 모르는 것에 대한 탐구와 해답을 추구할 필요가 없을 것이다. 그렇다면 질문하고, 회의하고, 탐구해 체계적인 인식(학문)을 구축하려고 하는 것은 오직 중간자인 인간만의 유일한 삶의 양식이라고 할 수 있다. 그런 점에서 모든 물음은 '인간에 의해' 제기되어, 궁극적으로 '인간을 위해' 답해진다. 그러므로 '인간이란 무엇인가?'라는 물음은 다른 제반 학문의 토대이자 방법과 한계를 결정짓는 제1의 문제 또는 비의秘義라고 할 수 있다. 그런데 문제의 인간 혹은 인간의 문제는 다양하고 잡다한 지식과 활동으로 착종되겠지만, 그 모든 다양성을 일이관지하는 인간 삶의 구원적 지향점은 '인간다움'이 무엇인지를 삶을 통해 확인·구현·영위하는 것이라고 할 수 있겠다.

일반적으로 '인간이란 무엇인가?'라는 철학적 질문은 (여타 동식물과 구별되는) 인간 본성(인간적인 것)에 대한 물음으로 제기돼왔다. 그리고 인간 본성에 대한 근본 물음은 1) 도대체 무엇을 인간 본성으로 규정할 것이며, 2) 그 인간 본성은 선천적으로 주어진 것인가, 아니면 후천적으로 습득되는 것인가 하는 문제를 동반한다. 그리고 3) 만일 인간 본성이 선천적으로 주어졌다면 그것은 천성적·자연적으로 선한 것인가(성선설), 아니면 악한 것인가(성악설), 혹은 중성적이거나 선악이 섞여 있는 것(선악혼재설)인가? 나아가 4) 인간 역시 자연계의 일부일 텐데, 오직 인간에게서만 다른 존재들과 구별되는 인간만의 고유 본성을 거론하는 것이 과연 의미 있고 정당한 질문이 될 수 있는가와 같은 여러 문제를 포함한다.

전통 시대의 인간 본성의 내용 규정과 그 본성의 선천성 혹은 후천성 논쟁은 당시의 자연 질서에 대한 보편적인 물음인 우주론 혹은 형이상학과 불가분의 관계에 놓여 있다. 즉 고전적인 철학 유파들은 당시의 지배적인 우주론 혹은 형이상학에 기반을 두고 연역적으로 인성론을 정립하고, 나아가 그러한 인성론에서 올바른 인간 행위 및 정당한 정치 체제를 구성하려 했다. 말하자면, "전근대 사회에서는 만물을 지배하는 신성한 법칙divine law이 있고, 그것이 생명과 만물에 의미를 부여한다고 믿었다. 그리고 이러한 시대에 이른바 종교적 교의 혹은 형이상학은 인간의 도덕성에 대해, 그리고 모든 인간관계에 대한 토대를 제공했다"[179]고 하겠다.

율곡 이이는 만물을 지배하는 신성한 법칙을 '천리天理'라는 용어로 이해하고, 이러한 천리가 인간 및 만물에게 품부되어 본성이 된다(性卽理)고 하는 성리학의 기본 주장을 그대로 수용한 학자이다. 그리고 그는 특히 인간에게 부여된 천리의 본성이란 맹자가 말한 인의예지의 덕이며, 이 본성의 덕은 선천적으로 주어졌다고 주장하는 정통 유학의 계승자였다. 그런데 성리학의 이론적 정착기인 16세기 조선에 살았던 율곡에게는 성리학적 인성론을 이기론적으로 정립하는 것이 중요한 과제로 주어졌다. 이 과제는 만물을 지배하는 신성한 법칙(理)과 만물을 형성하는 질료(氣)를 통해 현실에서 실존하는 인간 문제를 어떻게 해석할 수 있는가 하는 문제였다. 조선 성리학에서 이 문제와 관련해 먼저 퇴계와 고봉의 '사단칠정논쟁'이 있었고, 이것을 계기로 촉발된 우계의 질문에 대한 율곡의 논변이 바로 이 〈답성호원〉이다. 〈답성호원〉은 퇴계와 기대승 간의 논쟁의 결말을 지켜본 이후에, 이른바 성현聖賢 심법心法으로 실존하는 인간의 내적 고뇌를 반영하는 '인심과 도심'을 어떻게 이기 개념과 연관하여 정립할 것인가에 대하여 고심한 결과였다.

일반적으로 인간 본성에 대한 이론은 1) 인간 본성의 내용, 2) 보편적 인간 본성과 현실적 인간의 차이 규명, 3) 인간의 내적 갈등(인간 본성과 신체적 욕망 간의 대립), 그리고 4) 인간 본성과 인류의 관계(이상 사회) 등에 대한 해명을 필요로 한다. 인심도심설을 이기론적으로 정초하는 문제는 1) 맹자의 성선설을 정통으로 인정하는 기반 위에서, 2) 왜 인간은 보편적 본성을 똑같이 지니고 태어났음에도 현실의 실존하는 인간들 간에 차이가 나타나는가? 그리고 3) 실존의 인간에게서 계속해서 발생하는 보편적 인간 본성과 신체적 욕망 간의 내적 갈등의 문제는 어디에서 유래하며, 어떻게 해결하는 것이 도덕 법칙에 부합하는가 하는 문제와 주로 연관되어 있다. 그런데 율곡은 우계의 질문에 대해 2)의 보편적 인간 본성과 현실적 인간의 차이는 정자·주자의 "통일성을 형성하는 보편적인 이치는 하나이지만, 그것이 만물에 나타남은 서로 다르다"는 '이일분수理一分殊'의 원리를 "보편적인 이치는 언제 어디서나 통하지만, 개별적인 생명을 유지하게 하는 질료인質料因인 기운은 국한되어 단지 제한적으로만 이치를 실현한다"라는 '이통기국'의 논리로 보완함으로써 해결하려고 한다. 그리고 그는 이러한 '이통기국'의 논리에 기초를 두고, '기발이승일도설'을 주장하면서 실존하는 인간의 내면적 갈등인 인심과 도심의 문제를 이기론으로 해명하여, 성학의 이론적 완성을 기획했다. 이러한 율곡의 인심도심설에 대한 이기론의 정립과 그 의의를 고찰하기 위해, 먼저 문제의 인심도심논쟁이 있게 된 배경으로 주자의 인심도심설의 한계 및 그에 대한 우계의 질문에서 출발해 이 문제에 대한 율곡의 해명과 정당화를 살펴보도록 하겠다. 그런 다음 율곡의 인성론이 지니는 철학적 의미를 탐색해볼 것이다.

2. 주자의 인심도심설과 우계의 질문

일반적으로 몸과 마음이 함께 결합해 온전한 인간이 이루어진다고 말하는데, 유교 또한 여기에서 예외가 아니라고 할 수 있다. 그런데 유교는 몸과 마음의 결합을 '보편적 인간 본성에 대한 지향'과 '신체적 욕망의 지향'이라고 하는 실존하는 우리에게서 항상 발생하는 욕망의 대립관계로 제시하고 있다. 그 연원은 《서경書經》 〈대우모 大禹謨〉의 이른바 '십육자심법'으로 "인심은 오직 위태롭고 도심은 오직 은미하니, 오직 정밀하고 한결같이 하여 진실로 중용을 취하라〔人心惟危 道心惟微 惟精惟一 允執厥中〕"는 것이다. 이는 인간 마음의 잠재적 상태를 신체적 욕구를 지향하는 인심과 보편적 인간성을 지향하는 도심으로 나누고, 그 마음을 올바로 조절하여 현실적으로 잘 발현하는 방법에 관해 서술한 것으로 생각된다. 인심과 도심이라는 용어는 《논어》와 《순자》[180]에서도 언급된다. 하지만 이를 유학사에 본격적으로 도입, 그 핵심으로 전면에 부상시켜 '만세심학의 연원'으로 정립한 인물이 바로 주자朱子(1130~1200)이다. 즉 주자는 이 구절을 단서로 삼고, 맹자와 한유, 그리고 이정자二程子의 도통관념을 계승·발전시켜 유학을 도통의 교로 정립한다. 그는 다음과 같이 말한다.

《중용》은 무엇을 위해 지었는가? 자사께서 도학의 전수를 잃을까 근심하여 지은 것이다. 대개 상고 시대에 성인과 신인이 하늘을 계승하여 표준을 세우면서 도통의 전수가 비롯되었다. 도통이 경전에 나타난 것으로 말한다면 '진실로 그 중을 잡으라(允執厥中)'는 것은 요임금이 순임금에게 전수한 것이고, '인심은 오직 위태롭고, 도심은 오직 은미하니, 오직 정밀하고, 한결같이 하여 진실로 중용을 취하라'는 것은 순임금이 우임금에게 전수한 것이다…그 이후로 성인과 성인이 서로 계승하여, 성탕과 문, 무는 인군으로 고요, 이윤, 부열, 주공, 소공은 신하로서 모두가 이미 이를 통해서 도통의 전수가 이어왔으며, 우리 부자 같은 분은 비록 그 지위는 얻지 못하였지만 옛 성인을 계승하고 오는 후학을 열어주신 공로는 오히려 요순보다 더함이 있다. 그러나 그 당시 이를 보고 알았던 사람으로서 오직 안연과 증자가 그 도통의 전통을 계승하였지만, 증자가 다시 이를 전수하여 공자의 손자인 자사가 이를 계승할 즈음에 이르러서는 성인과 시대가 멀어짐에 따라 이단이 일어났다.[181]

즉 주자에 따르면, 지극히 신령스러운 임금인 요와 순에 의해 하늘의 뜻이 인간 세상에 세워지고 이것이 도통으로 정립되었다. 그리고 이러한 도통은 하·은·주 3대를 통해서 실현되었으나, 공자 당시 이미 1,500년 왕도의 전통이 와해되고 있었다. 공자는 성인聖人의 자질은 갖췄으나 군사君師의 지위를 얻지 못해 새로운 제도를 창안하여 실행할 수 없어 이전의 전통을 찬술하여 후세에 전하는 데에 그칠 수밖에 없었다. 전국 시대라는 혼란기에 태어난 맹자는 공자의 전통을 힘써 지켰지만, 그의 죽음과 함께 유가의 도통은 단절되고 말았다. 그 후 약 1,300년 동안 이단의 발호에 가리어져 명멸하던 유학의 도는 송대의 융성한 덕치에 힘입어 이정자에 의해 부활·전승되고, 주자 자신이 집대성했다는 것이다. 이러한 문제의식을 지니면서, 주자는 문제가 되는 주요 용어를 해설한다. 먼저 인심의 위태로움과 도심의 은미함에 대한 설명을 살펴보자.

마음의 허령지각은 하나일 따름이지만, 인심과 도심의 차이가 있다고 하는 것은 혹 형기의 사사로움에서 발생하고, 혹 성명의 바름에 근원하여 지각하는 것이 다르기 때문이다. 그래서 혹 위태롭고 불안하며, 혹 미묘하여 보기 어렵다. 그런데 사람은 형기가 없을 수 없기 때문에 상지라고 하더라도 인심이 없을 수 없다. 또한 본성이 없을 수 없기 때문에 하우라도 도심이 없을 수 없다.[182]

그리고 주자는 '유정유일惟精惟一' 및 '윤집궐중允執厥中'의 의미를 인심과 도심의 주재 관계로 설정하여 수양론적으로 설명한다.

> 인심과 도심은 하나의 마음속에 섞여 있으므로 이를 다스릴 줄 모르면 위태로운 인심은 더욱 위태롭고, 미묘한 도심은 더욱 은미해져서 마침내 천리의 공의로움이 인욕의 사사로움을 이기지 못한다. 정밀함(精)은 인심과 도심 사이를 살펴 섞이지 않도록 하는 것이고, 한결같음(一)은 그 본심의 올바름을 지켜 떠나지 않는 것이다. 정밀함과 한결같음에 힘쓰되 조금이라도 끊임이 없게 해서 반드시 도심이 항상 한 몸의 주재가 되게 하고, 인심이 매번 도심의 명령을 듣게 되면 위태롭던 인심은 편안해지고, 은미하던 도심은 나타나서 움직일 때나 고요할 때, 말할 때나 움직일 때 자연히 지나치거나 미치지 못하는 잘못이 없게 될 것이다…《중용》에서 말하는 '하늘의 명령(天命)'과 '성에 따른다(率性)'는 것은 도심을 말하는 것이고, '선을 가려 굳게 잡는다(擇善固執)'는 것은 '정밀하고 한결같음(惟精惟一)'을 말하는 것이며, '군자가 때에 알맞음(君子時中)은 '진실로 그 중용을 취함(允執厥中)'을 말한 것이다.[183]

이러한 주자의 인심도심에 대한 해설에서 다음과 같은 사항을 확인할 수 있다. 1) 우선 인심과 도심을 모두 통일적인 한 마음의 양상으로 간주하고, 단지 그 마음의 지각이 무엇을 위해 발동하느냐에 따라 그 명칭을 달리한다는 것이다.

그리고 2) 도심은 형이상자인 성명의 올바름에 근원을 두고 발출하기 때문에 그 자체는 은미하지만, 인간의 보편적 본성에 근원을 둔 것이므로 하우라도 도심이 없을 수 없다. 그리고 인심은 인간의 생명을 유지하게 해주는 구체적인 질료인인 형기의 사사로움에서 발생한 것이기 때문에, 위태롭지만 모든 인간은 신체를 지니고 있다는 점에서 상지라도 인심이 없을 수 없다. 따라서 3) 인심과 도심 사이의 경계를 정밀히 살피고 그 경계를 삼가 조심하며, 본심의 올바름을 지켜 떠나지 않으면서, 인심을 도심의 주재하에 두어 정밀히 살펴야 한다는 것이다. 나아가 4) 도덕주의자로서 주자는 비록 인심과 도심의 관계는 도심이 위주가 되어야 한다고 말하고 있지만, 신체는 인간 본성을 실현하는 기관의 역할을 한다는 점에서 적절히 조절만 하면 선할 수 있다고 본다. 따라서 인심 혹은 신체적 욕망 그 자체가 악하다고 할 수는 없다는 것이다.

그런데 우리가 여기서 주목하고자 하는 것은 주자는 분명 인심과 도심을 무엇을 지각하느냐에 따라서 "혹 어디에서 생긴다, 혹 어디에 근원을 둔다"라고 설명하는 데에 그쳤다는 점이다. 즉 그는 성리학의 존재론인 이기론을 통해 인심과 도심이 어떻게 발현하는가에 대해서는 명확한 설명을 하지 않고 있다. 바로 이 문제를 다룬 것이, 우계가 질문하고 율곡이 대답하는 형식으로 이루어진 이른바 '인심도심논쟁'이다.

요컨대 성리학은 불가 및 도가의 형이상학적 논의를 원용하여 원시 유학을 철학적으로 재해석하는 데에서 성립했는데, 그 핵심이 되는 존재론적 개념의 축은 이치와 기운이다. 따라서 성리학에서는 인간의 마음과 그 본성에 대한 논의(인성론) 또한 이기론에 의해 정초되었을 때 비로소 존재론의 정당한 토대를 정립한다고 할 수 있다. 바로 이 점 때문에 성리학을 국시로 내세웠던 조선조에서는 인성론 및 수양론의 이론적 완성을 위해 '사단칠정논쟁'과 '인심도심논쟁', 그리고 후대에 '인물성동이논쟁人物性同異論爭' 등을 벌이게 되었다. 즉 주자는 이기론과 관련해 '이일분수', 즉 "본체로서의 이치는 하나이지만, 유행으로서의 이치는 기운의 용사用事에 의해 다르게 나타난다"는 형이상학적인 입장을 제시했다. 그러나 그는 사단칠정과 인심도심을 이기론과 연관시키는 데에서 '발어리發於理', '발어기發於氣', 그리고 '혹원혹생或原或生' 등과 같은 단편적인 언명만을 남기는 데에 그쳤다. 그래서 조선의 성리학자들은 사단칠정과 인심도심을 이기론에 의해 정립함으로써 그 이론적 완성을 기도했던 것이다.

그런데 주자의 이른바 '혹생혹원설'은 문자로만 보면 사단칠정논쟁에서 퇴계의 입론인 '이기호발설'로 해석되기 십상이다. 그래서 당시 퇴계를 존경하며 신망했던 우계는 이 구절을 전거로 제시하면서 "인심과 도심 또한 호발설로 해석해야 하지 않는가?"라고 조심스럽지만 계속해서 율곡에게 질문했다. 다음 언명들이 그 전형이다.

사단의 감정은 이치가 발동하여 기운이 따르니 본래 순수하게 선하고 악이 없으며…칠정은 기운이 발동함에 이치가 타니 역시 선하지 않음이 없지만, 만약 기운이 절도에 맞지 못하여 이치를 없애버리면 방종하여 악이 된다고 하였는데, 이 논의를 궁구하면 이치와 기운의 발동은 당초에는 선하지 않음이 없다가 기운이 절도에 맞지 못하면 악에 흐른다고 하였다. 인심도심설은 이미 이것처럼 이치의 발동과 기운의 발동으로 나누었으니, 옛 성현을 따른 이들이 모두 이것을 으뜸으로 삼았다면 퇴계의 이론도 잘못이 없지 않은가?[184]

인심과 도심의 발현은 근본 내력에서부터 기운을 위주로 한 것(主氣)과 이치를 위주로 한 것(主理)의 차이가 있다. 그래서 여러 이론이 없던 요순시대에 이미 이러한 학설이 있었고, 성현들의 종지宗旨가 모두 두 가지로 나뉘어 있다. 그러니 사단과 칠정의 도안을 만들면서 이치에서 발동한다거나, 기운에서 발동한다고 하는 것이 어찌 옳지 않겠는가? '이치와 기운의 상호 발동설(互發說)'은 바로 천하의 정해진 이치이다…그러나 '기운이 이치에 따른다(氣隨之)'거나 '이치가 기운에 탄다(理乘之)'는 말은 너무 장황하게 끌어대어 명목과 사리에 맞지 않는 듯하다. 사단과 칠정을 비교해서 말한다면, '사단은 이치에서 발현하고, 칠정은 기운에서 발현한다'고 하는 것이 옳은 듯하다…'사단은 칠정 가운데 이치의 일변이 발동한 것만을 가리켜 말한 것이고, 칠정 중에 절도에 맞지 않는 것은 기운이 과도하거나 미치지 못하여 악으로 흐른 것이다'라고 한다면, 이치의 발동과 기운의 발동에 혼동되지 않으며, 또한 두 갈래로 나누어질 염려를 하지 않아도 되지 않겠는가?[185]

이른바 '여기에서 생한다, 여기에 근원한다'는 말과 '이치를 따라서, 기운을 따라서(從理從氣)'라는 말들은 아마도 이치와 기운, 두 물건이 먼저 여기에 있고, 인심과 도심이 여기에서 생긴다, 여기에 근원한다, 여기에 따라 발동한다고 하는 것과 같다.[186]

이와 같이 우계는 주자의 인심도심에 관한 한 단편과 진북계의 '종리종기從理從氣'를 원용하면서 퇴계의 입론인 '이기호발설'을 인심도심설에 그대로 적용할 것을 주장하고 있다. 아마도 우계 또한 퇴계처럼 '이발'을 인정하지 않으면 도덕의 절대적 기준, 궁극적 지향처가 없어질 것을 염려한 것으로 보인다. 실제 그의 이런 우려는 그의 편지 중 이른바 '유기격수柳磯激水의 비유'에 잘 나타나 있다고 하겠다.[187]

3. 인심도심설에 대한 율곡의 해석

(1) 율곡의 이기론 비평과 종합

성리학자로서 율곡은 전통에 충실하게, 존재하는 모든 것을 이치와 기운의 개념으로 이해했다. 이치와 기운의 개념은 전통 중국 사상에서 다양하게 사용되었으나, 특히 송대에서 장재張載와 이정 형제가 재정립하고, 주자가 우주론의 두 축으로 종합·완성했다. 주자가 말하는 이치는 정의情意·계탁計度·운동運動·형적形迹이 없는 형이상자로서 만물의 뿌리〔品彙之根柢〕이자 운동의 가능 근거〔造化之樞紐〕이다. 나아가 주자는 존재와 당위를 상호 공속적인 것으로 간주했기 때문에 이치를 '모든 존재의 가능 근거〔所以然之故〕'이자 '마땅히 따라야 할 도덕의 준칙〔所當然之則〕'이라고 규정한다〔所以當然之則〕. 그리고 기운은 1) 형적을 지니면서 존재하는 모든 것의 실질적인 구성요소이면서, 2) 끊임없이 취산聚散(승강비양昇降飛揚)을 거듭하는 운동인이면서, 3) 그 취산 가운데 불균형으로 말미암아 다양한 종상種相(청탁淸濁·정편正偏·명암明暗·통색通塞·후박厚薄)을 지녀, 인간과 만물 및 인간들 간의 차이를 가져오는 질료인質料因이다. 그런데 주자의 이기론은 선유先儒들의 여러 학설을 수차례의 수정 끝에 종합한 것으로 여러 질문자들의 대한 대답의 형식으로《주자어류朱子語類》등에 산재되어 나타날 뿐만 아니라, 그 자체 존재자들의 세계에 적용되는 형식 논리의 범주를 넘어서는 것이기에 실로 말로 표현하기 어렵다고 할 수밖에 없는 것이었다. 그래서 후학들은 주자의 학문을 계승했다고 자임하면서도 이기론의 전체 구조를 파악하지 못하고, 그 언명의 어느 한 측면만을 강조하여 주자의 입장이라고 강변하는 경우가 허다했다. 율곡은 이러한 상황에서 주자의 이기론에 대한 부분적인 해석을 지양하고, 그 전체 구조에 대한 정합적 해석과 체득을 목표로 하고 있었다. 우선 율곡은 당대의 대표적인 학자인 화담, 퇴계, 그리고 정암의 이기론을 다음과 같이 비평하면서, 그 종합을 시도한다.

> 근자에 정암·퇴계·화담 세 선생님의 학설을 살펴보았더니, 정암이 최고이고, 퇴계가 다음이며, 화담이 또 그다음이다. 이분들 가운데 정암과 화담은 스스로 터득한 측면이 많고, 퇴계는 의존적인 측면이 많다. 그러나 한결같이 주자의 설을 따랐다. 정암은 전체를 보았지만, 완전히 밝지는 못한 점이 조금 있다…이치와 기운을 하나의 물건으로 보는 병통이 조금 있는 듯하다. 하지만 그 실상을 보면 이치와 기운을 하나의 물건이라고 한 것이 아니라, 본 것에 완전히 밝지 못해 말이 혹 과도했을 따름이다.
>
> 퇴계는 주자를 깊이 신봉하여 그 뜻을 깊이 구하면서 기질이 정밀하고 자세하다…그러나 훤하게 관통한 경지에는 아직 이르지 못한 측면이 있기 때문에, 본 것이 밝지 못한 점이 있고 말에서 혹 조금 어긋나는 것이 있다. '이치와 기운은 서로 발동한다(이기호발)'와 '이치가 발동하면 기운이 따른다(이발기수)'는 학설은 지식과 견문에서 도리어 결점이 되었다.
>
> 화담은 총명이 남보다 뛰어났지만 중후함이 부족하여 독서와 궁리에서

자못 문자에 구애되지 않고 자기의 의사를 많이 썼다…"하나의 기운이 영원토록 존재하여, 왔던 사물도 지나가 버리지 않고, 오는 사물도 계속해서 이어지지 않는다" 했으니, 이것이 바로 화담이 기운을 이치로 오인한 병통이 있는 까닭이다.[188]

여기서 율곡은 1) 화담은 주기主氣로 기울어 이치를 기운의 내재적 속성으로 간주함으로써 이치를 기운으로 오인했으며, 2) 퇴계는 주리主理에 기울어 소리도 형적도 없이 무위한 이치를 능히 발동하는 것으로 간주했으며, 3) 정암은 이치와 기운의 서로 떨어질 수 없음에 지나치게 집착한 나머지 이치과 기운이 개념상 다르다〔決是二物〕는 측면을 경시했다고 비판한다. 기실 화담, 퇴계, 정암의 이기론에 대한 율곡의 이러한 평가는 다소 지나친 면이 있다고 할지라도, 그 나름의 정당성을 지닌다. 그리고 율곡이 유독 화담, 퇴계, 정암의 이기론을 선별하여 논변한 것 역시 그 나름의 이유가 있다. 그것은 곧 1) 기운의 장존長存를 설파함으로써 기운에 대한 잘못된 개념 정립을 하고 이치를 기운의 내재적 조리條理로만 이해하게 만든 입장(주기론: 화담), 2) 이理가 사물死物로 오인될 것을 지나치게 염려하여 이발理發을 주장함으로써 이치에 대한 잘못된 견해를 피력한 입장(주리론: 퇴계), 그리고 3) 이치와 기운의 혼륜渾淪을 지나치게 강조함으로 이치와 기운의 관계를 오도할 가능성을 지니고 있는 입장(이기혼

륜설: 정암), 이 세 입장을 비판적으로 매개하여 율곡은 성리학적 이기론을 체계적으로 종합했던 것이다. 즉 율곡의 이기론은 주리론과 주기론의 변증법적 지양으로, 나아가 단순히 이치와 기운의 혼륜이 아니라 개념상 불상잡不相雜을 전제로 현실상 불상리不相離를 주장했다고 하겠다.

그래서 율곡은 우선 "이치는 형이상자이고 기운은 형이하자"[189]로서 "이치는 형적과 작위가 없으며, 기운은 형적과 작위가 있다"[190]고 말하여 이치와 기운을 개념상 분명히 구분한다. 나아가 그는 형이상자로서 "형상과 작위가 없지만 형상을 지니고 작위하는 것의 주재가 되는 것이 이치이며, 형상과 작위가 있으면서 형상과 작위가 없는 것의 기구가 되는 것이 기운"[191]이라고 말한다. 그렇다면 율곡은 이치는 기운의 주재라고 말함으로써 이치가 사물死物이 되는 것을 예방하는 동시에, 기운을 이치의 실현 도구라고 말함으로써 기운이 홀로 장존한다고 하는 입장을 비판한다. 나아가 그는 주자의 언변에 따라 이치와 기운은 결시이물決是二物로서 개념상 구분되지만, 현실 존재상에서는 분리될 수 없는 하나(이기본합야理氣本合也, 이기본혼합理氣本自混合, 이기원불리理氣元不離)임을 지나칠 정도로 강조한다. 결국 그는 자신의 이기론을 다음과 같이 집약적으로 표현한다.

대저 이치란 기운을 주재하는 것이며, 기운은 이치가 타는 곳이다. 이치가 아니면 기운이 근거할 바가 없고, 기운이 아니면 이가 의착할 곳이 없다. 따라서 (이치와 기운은) 이미 두 물건이 아니며 또한 한 물건도 아니다. 하나의 사물이 아니기 때문에 하나이면서 둘이며(一而二), 두 물건이 아니기 때문에 둘이면서 하나이다(二而一).[192]

요컨대 천하 만물이 그렇게 존재하게 하는 까닭이 이치라고 하고, 그렇게 존재하는 것이 바로 기운이다.[193] 이러한 이치와 기운은 개념상 엄연히 구분되기 때문에 한 물건이라고만 할 수는 없지만, 두 물건이라고 할 수도 없는 것은 현실상 선후도, 이합도 없이 혼륜한 묘합妙合 가운데 만물을 생성시키고 있기 때문에, 율곡은 이치와 기운은 하나이면서 둘이고, 둘이면서 하나라고 말하고 있다. 이렇게 이치는 무형·무위로서 만물의 '소이연所以然'이자 '주재主宰'이며, 기운은 유형·유위有形有爲로서 소연所然이며 이치의 의착처依着處이자 소승所乘이라는 점에서 율곡은 퇴계와 같은 이기호발설을 비판하고, 오직 "기운이 발동할 때에 이치가 타는 하나의 길만이 가능하다(기발이승일도설)"고 말한다.

만약 상호 발용發用한다고 하면, 이는 이치가 발동할 때에 기운이 혹 미치지 못함이 있고, 기운이 발동할 때에 이치가 혹 미치지 못함이 있다는 것이 된다. 만일 이와 같다면 이치와 기운에 이합이 있고 선후가 있는 것이니…그 착오가 작지 않다.[194]

요컨대 율곡에 따르면, "이치는 무위이고 기운은 유위이기 때문에, 호발설은 논리적으로 불가능하고 오직 '기운이 발동할 때에 이치가 타는 하나의 길'만이 가능하며, 바로 그 때문에 공자는 '사람이 능히 도를 넓힐 수 있지, 도가 사람을 넓히는 것이 아니다'고 말했다.[195] 그렇다면 여기서 율곡이 말하는 '발發'자의 의미는 퇴계가 사용한 것(규제력, 논리적 규제 기능)과는 다르게, 현실적인 물리적 운동(유위)이라고 보아야 할 것이다. 나아가 율곡은 이러한 '기발이승일도설'을 천지의 작용〔天地之化〕뿐만 아니라, 우리 마음의 발용〔吾心之發〕에도 수미일관하게 적용한다. 율곡의 이러한 '기발이승일도설'은 결국 그가 스스로 체득했다고 자부했던 '이통기국설理通氣局說'로 귀결된다.[196] 즉 만물의 존립 이유인 형이상자로서 이치는 무형·무위하여 시공時空의 제약을 받지 않으며, 따라서 보편적이고 불변적이다〔自若〕. 따라서 "이치에는 한 글자도 더할 수 없으며, 털끝만큼의 수양조차도 필요 없다." 그러나 유형·유위한 형이하자로서 기운은 시간과 공간의 제약을 받으며 끊임없이 승강비양함에 뒤섞여 가지런하지 않기 때문에 차별되는 형상을 나타낸다. 기운은 이렇게 차별되는 형상을 나타내기 때문에 구별되는 어떤 개체를 성립시켜 주는 질료인의 역할을 수행하지만, 만물간의 감통感通을 방해하는 역기능을 하는 자기모순자인 것이다. 그리고 바로 이 점에서 "기운을 단속하여 그 본연을 회복하는" 수양공부가 요청되는 것이다. 이것을 논리화한 것이 바로 율곡의 이통기국설이다. 요컨대 "이통이란 천지 만물이 보편적인 이치를 함께 하는 것으로"[197] "선후, 본말과 같은 사물에 적용되는 범주를 초월하는 이치가 기운에 타고 유행하여 기운이 치우치면 이치 또한 치우치나 그 치우친 것은 기운이라는 것, 그리고 잡다한 기질 가운데에서도 존재하면서 그 본성이 되지만, 그 본연은 변함없이 그대로라는 것"[198]을 말한다. 그리고 "'기국'이란 천지 만물이 기운을 달리하는 것으로서"[199] "본말과 선후를 지니는 기운이…승강비양하여 조금도 쉬지 않아 천태만상으로 고르지 않은 온갖 변화를 낳음에, 그 본연을 잃기도 하고 잃지 않기도 하는데, 본연을 잃음에서는 이미 그 본연은 없어지는 것"[200]을 말한다.

(2) 율곡의 이통기국설

율곡이 자득했다고 자부했던 이통기국설은 성리학사에서 새로운 경지를 개척한 독자적인 입론일까?[201] 우선 '이통기국'이란 용어 자체는 율곡이 새롭게 도입한 것이라고 할 수 있지만,[202] 그 논리 자체는 송대 정립된 이일분수설을 부연 혹은 정초한 것이라고 할 수 있을 것이다.[203] 율곡이 말한 '이통'은 궁극적으로 하나의 이치〔理一之理〕가 천지 만물에 보편적이라는 것, 그리고 '기국'은 다양하게 나타나는 이치〔分殊之理〕를 설명해주는 역할을 한다. 다시 말하면 이치는 통하기 때문에 보편적인 하나의 이치일 수 있고, 이 하나의 이치를 기운이 국한하기 때문에 다양하게 나타난다는 것이다. 그렇다면 '이통기국설'은 '이일분수설'의 성립 근거를 설명해주는 논리라고 하겠다. 따라서 율곡의 이통기국설은 성리학적 이기론의 요체인 '이일분수설'을 확고하게 정립해주는 중요한 역할을 하는 것이라고 하겠다. 바로 이런 입장에서 율곡은 퇴계 및 우계의 호발설을 다음과 같이 비판하고 있다.

> 인심과 도심이 비록 두 가지 이름이지만 그 근원은 단지 하나의 마음일 뿐이다…만약 이치와 기운이 호발한다면 이치와 기운이라는 두 가지 물건이 각각 따로 마음속에 뿌리가 되어 아직 발동하지 않았을 때에도 이미 인심과 도심의 묘맥을 가지고 있어 이치가 발동하면 도심이 되고 기운이 발동하면 인심이 되는 것이다. 그렇게 되면 내 마음에 두 가지 근본이 있는 것이다. 주자가 말하기를 마음의 허령지각은 하나뿐이라고 했는데 오형(우계)은 어디서 이기호발설을 얻었는가?204

여기서 우리는 율곡의 의도를 분명히 볼 수 있다. 즉 호발설은 이본설二本說이기에 두 가지의 마음을 인정하는 데로 흐를 수 있다는 것이다. 이렇게 호발설을 비판하고, '기발이승일도설'을 주장하면서, 그는 인심과 도심을 다음과 같이 정의한다.

> 도심은 성명에 근원하였으나 발동하는 것은 기운이니 이것을 이치의 발동이라고 할 수 없다. 인심과 도심은 모두 기운의 발동이나 기운이 본연의 이치에 따른 것이 있으면 기운 역시 본연의 기운이므로 이치가 그 본연의 기운을 타고서 도심이 되는 것이며, 기운이 본연의 이치에서 변한 것이 있으면 역시 본연의 기운에서도 변하므로 이치도 역시 그 변한 바의 기운을 타고서 인심이 되어 지나침과 모자람이 있게 된다. 혹은 겨우 발할 즈음에 처음부터 도심이 이를 제재하여 지나침과 모자람이 없게 하거나, 혹은 지나침과 모자람이 있은 뒤에 도심이 제재하여 중中을 지향하게 한다.[205]

주자의 설명처럼 도심은 비록 성명에 근원을 두고 있다고 하더라도, 이치는 무위이기에 능히 발동할 수 없고, 오직 기운만이 능히 발동할 수 있기 때문에 기운의 발동이라고 해야 한다. 그래서 율곡은 인심과 도심은 모두가 기운의 발동이라고 말한다. 그런데 본연의 이치에 따른 기운은 본연의 기운이 발동하는 것이므로 도심이 되고, 기운이 본연의 기운에서 변한 것이면 이치 또한 변한 기운를 타게 되기 때문에 인심이 되어 지나침과 모자람이 있게 된다. 이때 이런 인심이 발할 즈음에 도심이 처음부터 제재할 수 있으며, 그리고 또 지나침과 모자람이 있은 후에도 도심이 제재함으로써 중을 지향하여 인심이 도심이 되게 할 수 있다. 이것이 바로 율곡의 이른바 '인심도심종시설人心道心終始說'이다. 율곡은 여기에서 좀 더 나아가 퇴계와 우계가 호발설의 근거로 내세웠던 주리主理와 주기主氣에 대해서는 다음과 같이 규정한다.

> 기운이 본연의 이치에 따르는 것은 본래 기운의 발동이나 기운이 이치의 명령을 들으므로 그 중重한 쪽이 이치에 있기 때문에 주리主理라고 말한다. 기운이 본연의 이치에서 변한 것은 본래 이치에 근원하였으나 이미 기운의 본연이 아니기 때문에 이치의 명령을 듣는다고 할 수 없어 그 중한 쪽이 기운에 있으므로 주기主氣라고 말한다. 기운이 명령을 듣는 것과 듣지 않은 것은 모두 기운이 작위하는 것이며, 이치는 무위이니 호발互發한다고 할 수 없다.[206]

우리는 흔히들 '주기론'이라고 말하면 퇴계처럼 이치가 능히 발동한다고 주장하고 '존리천기尊理淺氣'의 입장을 가리키는 것으로 이해한다. 그리고 또 주기론이라고 하면 장재 및 서화담처럼 이치를 기운에 내속하는 것〔氣之理〕으로 간주하는 입장을 말한다. 그런데 여기서 보이듯이 율곡은 주리란 기운의 발동이나 기운이 본연의 이치에 따르므로 그 중한 쪽이 이치에 있다는 점에서 주리라고 말하며, 주기란 기운이 본래 이치에 그 근원을 두었으나 그 자체가 변해 있으므로 그 본연의 이치의 명령을 듣지 않고 제멋대로 산란하기에 주기라고 말한다는 것이다. 이는 율곡이 자신이 말한바 "이치가 아니면 기운은 뿌리내릴 수 없고, 기운이 아니면 이치가 의지할 곳이 없다"는 이기론의 입장을 잘 드러내 주는 것이라고 할 수 있다. 어쨌든 율곡은 이치와 기운을 항상 상대적이면서 동반하는 것으로 파악하여, 개념상 구분되지만〔不相雜〕 떨어질 수 없는 혼융渾融한 것(불상잡)으로 하나이면서 둘이고 둘이면서 하나(一而二, 二而一)이기 때문에 형식 논리의 범주를 벗어나는 묘합妙合의 관계에 있다는 입장을 견지하고 있다. 여기서 우리는 이치와 기운에 대한 가장 논리적인 해명을 발견한다. 주자의 언설에 비록 애매한 점이 있지만, 이치와 기운에 대한 그 전체적인 대요는 율곡의 이 해설이 가장 정당하다고 판단된다. 왜냐하면 일음일양一陰一陽하는 까닭으로서 형이상자인 이치는 무형·무위하며 무성·무취하고, 무응결無凝結·무조작無造作·무계탁無計度하는 것이며, 실제로 일음일양하면서 유형·유위하여 응결·조작하는 기운은 형이하자이다. 바로 이 점에서 '기발이승일도설'이 논리적으로 제출된다고 하겠다. 따라서 '혹원혹생설'을 주장한 주자의 주장을 문자로만 해석하면 퇴계와 우계의 호발설이 주자의 언명에 충실한 것으로 보이지만, 주자의 이기론의 전체 구도와 의미에서 본다면 호발설은 오히려 주자의 이기 개념을 이해하지 못한 것이라고 할 수 있을 것이다.

그리고 또 흔히들 율곡이 '이발', 즉 이치의 능동성을 부정함으로써 '주기론자'에 속한다고 말하지만, 율곡이 기발만을 인정하고 이발을 부정한 것은 기운을 이치보다 중시해서 그런 것이 아니라, 정자와 주자가 제시한 이치의 본래 개념에 충실하며, 그 자체의 논리에 따른 해석으로 제출한 것이라고 할 수 있다. 율곡은 비록 기발만이 가능하다고 주장했지만, 그 발하는 소이所以로서 이치를 함께 주장했으며, '기국'을 주장하면서 '이통'을 항상 염두에 두고 있었다는 점에서 주리론 혹은 주기론 가운데 어느 한 쪽에 배속되지 않는다. 그는 정자·주자의 이기론에 투철하면서 정당하게 해석한 인물이라고 할 수 있다. 이러한 논리에 입각하여 율곡은 이제 이른바 '혹생혹원설'을 다음과 같이 최종적으로 정리한다.

> 주자는 마음의 허령지각은 하나일 뿐이나 혹 성명의 바른 것에서 근원하고 혹 형기의 사사로움에서 생긴다고 하여 먼저 하나의 마음을 앞에 놓았으니 마음은 기운이다. '혹생혹원한다'고 하여 마음에서 발동하지 않음이 없으니 어찌 기운의 발동이 아닐 수 있겠는가? 마음 가운데 있는 이치가 본성이요, 마음이 발동하는데 본성이 발동하지 않을 수가 없으니 어찌 이치가 타는 것이 아니겠는가?207

요컨대 인간에게서는 단순히 형상 없이 공허한 것이 아니라, 기운의 정상精爽으로 이루어진 오직 하나의 마음이 있을 따름이다. 이 하나의 마음이 '혹 성명의 바름에 근원을 두고, 혹 형기의 사사로움에 생겨나서' 인심과 도심이라고 부른다.

그런데 기운의 정상으로서 마음 가운데에는 이치가 가장 온전히 품부되어 있으니 그것이 곧 인의예지라고 하는 인간의 본성이다. 따라서 기운인 마음이 발동할 때, 기운과 떨어질 수 없는(불상리) 관계에 놓여 있는 본성으로서 이치 또한 나타난다(불상리). 예컨대 "어린아이가 우물에 빠지려는 것을 본 뒤에야 측은해하는 마음이 발동하는데, 여기서 어린아이가 우물에 빠지려는 것을 보고서 측은해하는 것은 기운이니, 이것이 이른바 '기운이 발동한다'고 하며, 측은해하는 마음의 근본은 인仁이니 이것이 이른바 '이치가 탄다'고 한다"는 것이다. 그래서 율곡은 '혹 성명의 바름에 근원하는' 도심이라고 하더라도 이치의 발동이라고 할 수 없고, 도심 또한 기운으로서의 마음이 발동한 것이기 때문에 '이치의 발동'이며, 그것은 신체의 안일을 위한 기운의 용사를 받지 않고 순수한 본성 그대로가 직출한 것이기에 그 중한 것이 이치에 있다는 점에서 '주리'라고 칭할 따름이라고 말하고 있는 것이다.

4. 율곡 인심도심설의 철학적 의의

(1) 인성이란 무엇인가

공맹 이래 유교는 궁극자로서의 하늘(天)을 도덕적으로[208]

정립하고, 이 도덕적인 하늘〔道德天〕의 명령을 인간의 본성이라고 규정했다.[209] 그리고 도덕적인 하늘의 명령으로 인간이 지니고 태어난 본성의 덕(德=得)은 그 자체로 밝고 선하다고 봤다.[210] 이처럼 하늘의 명령으로 인간이 지니고 태어난 본성은 다른 어떤 존재에 의해 부여되거나 규정되는 것일 수 없고, 인간이 본래 타고난 것인 동시에 인간이 살아가면서 부단히 실현해나가야 하는 것이다(性=生+心). 그렇기에 인간 본성은 인위나 방종이 아닌 자연이며 자유인 동시에 인간이 평생토록 실현해야 할 의무이다. 그래서 하늘의 명령에 따르는 것을 인간의 길이라고 했으며, 그 길을 닦아나가는 것을 성인의 교육이라고 말하는 것이다.[211]

무엇을 인간 본성으로 규정할 것인가 하는 문제는 학파마다, 심지어 같은 학파 내에서도 그 성격에 따라 내용을 달리하지만, 공맹의 정통 유교는 인간에게 선천적인 덕이 있으며, 그 덕에 따르는 것이 인간의 편안한 집〔人之安宅〕 혹은 바른길〔人之正道〕이라고 말하면서, 인간 본성이 존재한다는 사실을 비유를 들어 증명했다. 그것이 바로 맹자의 이른바 '유자입정孺子入井의 비유'[212]이다.

사람은 모두 차마 못하는 마음이 있다. 선왕이 차마 못하는 마음이 있어 이에 차마 못하는 정치를 폈으며, 차마 못하는 마음으로 차마 못하는 정치를 펴면, 천하를 다스림은 손바닥 위에 놓고 운행하는 것처럼 쉽다. 사람이 모두 차마 못하는 마음이 있다고 말하는 까닭은 지금 사람이 갑자기 어린아이가 장차 우물로 들어가려고 하는 것을 보고 모두 깜짝 놀라는 측은해하는 마음이 있으니, 이는 어린아이의 부모와 친교를 맺고자 해서도 아니며, 향당과 벗들에게 칭찬을 듣기 위해서도 아니며, 잔인하다는 소리가 듣기 싫어서도 아니다. 이것으로 보면 측은해하는 마음이 없으면 사람이 아니며, 수오하는 마음이 없으면 사람이 아니며, 사양하는 마음이 없으면 사람이 아니며, 시비를 분별하는 마음이 없으면 사람이 아니다. 측은해하는 마음은 인의 단서이며, 수오의 마음은 의의 단서이며, 사양지심은 예의 단서이며, 시비를 분별하는 마음은 지의 단서이다. 사람에게 이 사단이 있음은 사체四體를 지니고 있는 것과 같으니, 사단을 지니고 있으면서 스스로 행할 수 없다고 하는 자는 스스로를 해치는 자요, 그 임금이 인정을 시행할 수 없다고 하는 자는 그 임금을 해치는 자이다. 무릇 우리에게 있는 사단을 모두 넓혀서 채울 줄 안다면 마치 불이 처음 타오르고, 샘이 처음 나오는 것과 같을 것이니, 진실로 능히 채우면 족히 사해를 보호할 수 있고, 진실로 채우지 못한다면 부모도 족히 섬길 수 없다.[213]

이렇게 맹자는 '유자입정의 비유'를 통해 '무조건적·자발적으로' 우러나오는 순수하게 선한 감정인 '측은지심'이 있다는 사실을 들어, 이를 단서로 우리 본성이 인하다는 것을 논증했다. 그리고 맹자는 이 측은지심 이외에, 자신과 남이 잘못하면 부끄러워하거나 미워하는 마음〔羞惡之心〕, 웃어른을 공경하고 양보하는 마음(辭讓之心), 옳음과 그름을 구별할 줄 아는 마음(是非之心) 또한 본성에서 무조건적·자발적으로 우러나온 것이라고 추가 논증하고, 이를 토대로 사덕의 존재를 주장한다. 이렇게 맹자는 인간에게는 고유한 본성이 있으며, 그 고유한 본성은 공동체를 형성해 함께 삶을 영위하는 타인에 대한 동정심이라는 사실을 지적하면서 인간들 간에 유적 연대성이 있음을 부각했다.

나아가 맹자는 이렇게 모든 인간이 고유한 본성의 덕을 지니고 태어났다는 것을 증명하면서 다른 입장들을 비판한다. 곧 1) 본성에는 선악이 없다는 생물학주의, 2) 환경에 의해 인간의 선악이 나누어진다는 환경주의, 3) 어떤 사람은 선하게, 혹은 악하게 태어난다는 태생적 불평등주의 등이 바로 그것이다.[214] 이러한 입장들에 대해 맹자는 생물학주의는 인간에게 생물적인 욕구를 넘어서는 고유한 본성이 있음을 간과하며, 환경주의와 태생적 불평등주의는 인류를 형성하는 근거인 '우리 마음이 같은 것(心之所同然者)'이 있음을 간과한다고 비판한다.[215] 그리고 맹자는 공자로부터 한 걸음 더 나아가 본심과 본성을 보존하고 기르는(존심存心·양성養性) 수양론을 제시하고, 이러한 수양을 통해 자기완성을 기하면 우리 모두 요순과 같은 성인이 될 수 있다고 말한다.[216] 요컨대 맹자에 따르면, 인간이 타고난 본성의 덕을 실현하는 것은 나무의 생장, 오곡의 성숙 혹은 물이 아래로 흐르는 것과 물이 불을 이기는 것처럼 자연스러운 것이다.[217] 유교는 이렇게 인간의 선천적인 고유 본성과 그 본성에서 자발적으로 드러나는 자연스러운 마음에 근거를 두고 윤리 규범을 정립했으며, 따라서 이 윤리 규범은 자발적으로 준수된다는 점에서 강제적인 형벌에 의해 다스리는 법치보다 우위에 있다고 주장한다.[218]

이러한 유교의 인간 본성에 대한 관점은 "동물과 구별되는 인간의 본성이란 존재하지 않는다"는 무성론과 변별된다. 즉 일반적으로 무성론자들은 우주의 궁극 존재를 단지 물리적 자연으로 제한하며, 인간 또한 '물리적 자연계'의 일부로 간주한다. 이들은 물리적인 신체와 구별되는 인간의 고유 본성을 부정하고, 이른바 인간다운 본성이란 단지 인간이 생물학적인 삶의 과정에서 생존을 위해 선택하여 진화한 것이라고 말한다. 그래서 존재론적 물리주의 혹은 생물학적 환원주의를 채택하는 최근의 무성론자들은 생물을 단지 (뇌)기능에 의해서만 변별하고 물리적 수와 양으로 계량화한다. 여기서 잠시 물리주의적 심신관계론의 선도적인 위치에 있는 김재권의 다음과 같은 인터뷰 기사를 살펴보자.

그렇다면(물리주의에 따르면) 뇌를 가진 동물과 뇌를 가진 인간의 차이점이 무엇인가라는 (기자의) 질문에 그는 (김재권은) "뇌의 능력에 차이가 있는 것일 뿐"이라고 말했다. 침팬지가 인간과 같은 능력의 뇌를 가

졌다면 정신적 능력도 인간과 같았을 것이라는 설명이었다.[219]

김재권의 대답은 전통 철학 혹은 종교의 시각에서 평가하면 기이하고 당혹스런 대답일 수도 있겠지만, 과학적 물리주의 일원론 혹은 진화론 등의 입장에서 보면 너무나도 당연한 논리적 귀결이다. 즉 실증 과학은 제3자의 객관적 입장에서 실험과 관찰을 통해 모든 존재를 수량화하고 질적인 요소는 제거한다. 질적인 측면을 간과한다면, 인간에게 인간을 여타 동물과 구별하는 '인간적인 것'은 남아 있을 수 없으며, 인간과 동물의 차이는 단지 양적인 기능(능력)에만 있게 된다. 즉 모든 존재를 대상화하여 그 존재를 확인하는 실증 과학은 그 존재가 비록 대상화하는 '주체'라 할지라도 단지 대상으로만 파악하기 때문에, 주체마저도 실험 도구에 의해 계량하여 수식數式에 의해 진술된다. 따라서 실증 과학에서 인간은 주체로서의 특징이 제거되고 수량적인 차이로만 기술된다. 그래서 주체의 고유한 특성으로 간주해온 '심적인 것' 또한 실증 학문의 하나인 '심리학'이라는 분과 학문에서 탐구하는 대상에 불과하게 된다.

그런데 우리가 볼 때 이러한 물리(자연)주의적 심신 이론은 비록 현대 과학의 발전을 배경으로 태동했다고 주장하지만, 결코 새로운 관점을 제시하고 있는 것은 아니다. 그것은 다음과 같은 이유에서 그렇다. 고대 그리스에서 존재를 크게

'physis(물物)'와 'psyche(심心)' 두 영역으로 나누어 설명했다. 그런데 여기서는 처음부터 물리적인 것이 아니었던 'psyche'를 1) 시·공간성을 지니는 '물리적인 것'이 아니라는 점에서 존재한다고 가정해야 할 충분한 근거가 없다고 주장하고, 나아가 2) 비록 존재한다고 할지라도 그것이 엄격한 물리 법칙에 종속되는 '물리적인 것'의 운동에 인과적 영향을 발휘할 수 없다는 논거를 갖고 배제한다.[220] 그렇다면 이제 남은 것은 'physis'의 영역, 즉 물리계뿐이며, 따라서 물리주의가 전횡을 행세하게 된다. 그런데 이러한 물리주의적 관점에서 제기된 심신 관계론은 이미 'psyche'을 배제한 다음, '물리적인 신체'와 '허수아비 마음'을 비교하는 말장난에 지나지 않는다. 마음을 배제하면서 심신 관계를 논하는 심리 철학은 처음부터 아무것도 이야기하지 않는 것과 같다.

그런데 이렇게 인간과 침팬지의 구별은 그 본성이 아니라, 뇌 기능의 차이에서 유래한다고 주장하면서, 존재를 혹은 생물을 이렇게 기능으로 평가하여 수량으로 계량화하는 관점에서는 주로 공리주의적 윤리 이론을 주창하고(義利也—옳음이란 결과적인 이익을 가져다주는 것이다), 인간 본성에 근거한 자발적 동의가 아니라 법과 같은 외적 강제력에 호소하는 정치 체제를 지지하는 경향이 강하다. 만일 맹자의 '유자입정의 비유'가 정당한 논변이라고 할 수 있다면, 우리는 유가의 인성론에서 오늘날 위기의 인간 혹은 인간의 위기를 극복할 중대한 단서를 발견할 수 있을 것이다. 공맹으로 대표되는 유가에서는 맹자의 '유자입정의 비유'에서 인간 본성의 내용이 무엇인지를 증명하고, 정당화했다고 간주한다. 그렇다면 이제 다음과 같은 문제가 인성에 관한 탐구에서 보완되어야 한다. 그것은 곧 전술한 바 있듯이, 1) 인간 본성에 관한 모든 이론은 단순히 인간 본성에 대한 탐구와 정립뿐만 아니라, 2) 이렇게 정립된 보편적인 인간 본성과 현실적인 개별적 인간과의 차이, 그리고 3) 실존하는 인간 각자의 내면적 갈등, 즉 보편적 인간성의 구현과 개별적 욕망 충돌의 문제에 대한 해명을 필요로 한다. 나아가 인간을 단순한 인체人體가 아니라 인간人間으로 파악하는 데에는 인간들 간의 관계, 인간의 사회성, 공동체의 인간 및 개인의 인륜성 등이 문제가 된다. 바로 여기에서 4) 인간 본성에 기초를 둔 인간들 간의 관계 및 정의로운 정치 체제 등에 대한 종합적인 해명을 필요로 한다. 여기에서 2)와 3)의 문제는 궁극적으로 4)의 문제로[221] 수렴되겠지만, 율곡이 우계의 질문에 답한 서간은 표면적으로는 3)의 문제를 다루면서, 그와 결부된 우주론적 혹은 형이상학적 정초를 시도한다는 점에서 결국은 2)의 문제도 함께 다루었다고 할 수 있다.

여기서 율곡의 공헌은 다음과 같다. 즉 유가적 성현 심법의 중심이 되는 '인심도심설'에서 주자는 그 개념을 이기론적으로 제시하지 않았다. 그래서 이에 대한 분분한 해석이 있었으며, 율곡은 정주의 이기 개념에서 '이통기국' 및 '기발이승일도설'을 연역해내고, 이를 심성론에 적용하여 '심성정의일로설心性情意一路說'을 주창하여 인심과 도심에 대한 명확한 해명을 하여 이론적 완성을 기했다는 것이다. 즉 율곡은 성리학적 이치와 기운에 대한 정확하고 명확한 인식 아래, 이기의 불상잡과 불상리의 원칙을 견지하면서 이일분수의 토대가 되는 이통기국의 원리를 제시하고, 이치의 무형·무위함과 기운의 유형·유위함에서 '기발이승일도설'을 천명했다. 그리고 또 그는 이러한 논리를 심성론에도 수미일관하게 적용해, 심·성·정·의는 경계가 있지만 하나의 마음임을 철저히 견지하는 '심성정의일로설心性情意一路說'을 주창했다. 여기서 그는 도심 또한 기운의 발동이라고 주장하고, 또한 의意의 역할을 적극 주장하여, 감정이 발현했을 때에 헤아리고 비교하는 의에 의해 인심과 도심은 서로 시작과 끝이 될 수 있는 가변적인 것임을 주장했다〔人心道心終始說〕. 이것이 바로, 성리학 이론을 정립하는 데 율곡이 세운 공로라고 할 수 있다.

(2) 율곡의 존재론

이제 율곡의 이론이 지니는 심리 철학적 의미를 제시하려 한다. 우선 율곡의 기발이승일도설은 현대의 존재론적 입장에서 보았을 때, 호발설에서 유래하는 '중층결정의 오류', 즉 어떤 사건이 발생했을 때에 그 원인으로 두 가지를 제시하는 난제를 피하는 유일한 해결책이라고 할 수 있다. 필자가 볼 때, 유형·유위한 모든 것을 포괄하는 만물의 질료인이자 운동인運動因이 되는 기운 이외에, 무형·무위한 이치 또한 스스로 능히 발동한다는 주장을 하는 호발론자들은 서양의 데카르트적 실체 이원론자들과 마찬가지로 다음과 같은 주장에 대해 반론을 제기할 수 있어야 한다.

> 무릇 어떤 것들이 상호 작용하려면 1) 그것들은 일정한 정도의 동질성을 지녀야 하며, 2) 이러한 동질성은 최소한 시·공간성을 포함하며, 이러한 시·공간성은 틀림없이 물성物性을 필연적으로 함축하며, 3) 별개의 대상들 간의 상호 작용의 가능성은 그 대상들이 있는, 공간 비슷한 공유된 좌표계에 의존해야 한다.222

율곡의 '기발이승일도설'은 이러한 원칙을 충족시키지만, 무형·무위한 이치 또한 능히 발동할 수 있다고 주장하는 호발설은 이러한 원리를 전혀 충족시킬 수 없음을 확인할 수 있다. 이치가 능히 발동한다는 것은 상식적으로도 바로 알 수 있다. 예컨대, '세 변의 길이가 같은 삼각형은 정삼각형이다'라는 이치가 있다고 가정해보자. 그렇다면 '세 변의 길이가 같은 삼각형은 정삼각형이다'라고 하는 이치가 어떻게 스스로 능히 발동하여 현실의 정삼각형을 구현할 수 있을 것인가? 그것은 물리적인 기운에 의해 구현될 수밖에 없지 않겠는가? '물 위로 가는 것은 배의 이치이다'라는 배의 이치는 물리적인 배에 의해 구현될 뿐, 그 이치가 스스로 발동하여 현실의 물 위로 가는 것은 아니라고 할 수 있다.

그렇다면 율곡의 '기발이승일도설' 혹은 '이통기국설'은 수반 테제와 어떤 관계에 있는가? 여기서 말하는 수반 테제란 '이 세상의 모든 존재는 물리적인 것(유형·유위한 것)에 의해 설명되어야 한다'는 자연주의가 지니는 최소 전제를 충족시키면서, 환원주의의 여러 난제를 벗어나기 위하여 비환원주의적 입장을 취한다. 이 개념의 형성에 공헌한 김재권은 한 언론과의 인터뷰에서 '심신 수반 이론'을 다음과 같이 정의했다.

> X가 Y에 수반된다는 것의 의미는 Y가 고정되면 X가 달라질 수 없다는 뜻이다. 마음과 뇌의 관계가 바로 '수반' 관계다. 뇌의 물리적인 속성이 고정돼 있다면 정신적인 속성(의식, 무의식)도 고정된다.[223]

이 심신 수반 이론이 매력적인 것은 이 세계에 존재하는 모든 것을 형상을 지닌 것으로 설명하려는 '자연주의의 최소 전제'를 충족시키면서도 형상을 지니지 않은 속성을 물리적 속성으로 환원시키지 않고(비환원주의) 그 고유성을 인정한다는 점에 있다. '존재론적 물리주의'를 최소 충족시키면서,

'속성 이원론'을 결합한 이 수반 이론은 심신에 대해 1) 속성 공변property co-variation(어떤 것의 토대 속성이 구분되지 않는다면 수반 속성도 구분되지 않는다), 2) 의존성dependency(수반되는 속성은 수반하는 토대에 의존한다), 3) 불가환원성(수반되는 속성을 수반하는 토대로 환원할 수 없다)[224]는 주장을 함축한다.

현대 심리 철학에서 수반 테제는 물리적인 신체와 물리적이지 않는 마음의 속성 간의 문제였으며, 이는 유형·유위한 기운과 무형·무위한 이치라고 하는 이기론과는 그 존재론적 성격을 완전히 달리한다고 할 수 있다. 그러나 여기서 우리는 수반 테제에서 시사점을 얻어 이를 이치와 기운 개념의 해석에 응용한다면 다음과 같은 결론을 도출할 수 있다. 즉 율곡의 '기발이승일도설'과 '이통기국설'은 1) 이 세상에 존재하는 만물은 적어도 유형·유위한 기운으로 구성되어 있다는 전제와 2) 기운의 다양한 차이(편전偏全, 통색通塞, 명암明暗 등)에 의존하여 서로 다른 본성이 출현한다는 점에서 기운에 대한 이치의 의존성 및 수반의 원리, 그리고 불가환원성(理氣不相雜) 등을 충족시킨다고 할 수 있다는 것이다.

바로 이 점에 착안하여 우리는 "우주에 가득 차 있는 형상을 지닌 모든 존재는 기운에 의해 '통일적 실재성'을 이루고 있다는 점에서 율곡의 존재론을 '기체 일원론'이라고 한다. 따라서 기운으로 구성된 통일된 실재성은 그 취산에 따른 질적인 차이에 의해 다양한 본성을 지닌 서로 다른 만물이 출현한다는 점에서 '본성 다원론'이며, 나아가 각각의 사람과 사물 또한 그것을 구성하는 각각의 계기들은 기운의 질적 차이에 의해 다양한 측면과 각각의 본성을 지닌다는 점에서 '다측면 일원론'으로 규정하고자 한다. 이렇게 '기체 일원론이자 본성 다원론' 혹은 '다측면 일원론'으로 율곡의 존재론을 규정해보면, 이는 서양 철학이 지니고 있던 정신-물질의 이원론을 일거에 해소하는 중요한 논제가 된다는 것을 알 수 있다. 이는 율곡이 주자를 계승하여 "마음이란 기운의 정상精爽이다"[225]라고 말한 것에 집약되어 나타난다.

율곡은 기운의 정상精爽으로서의 마음을 주로 '허령불매虛靈不昧(명각明覺, 명소明召)'라고 하는 주자의 표현을 그대로 답습하고 있는데, 여기서 '허령'이란 마음이 여타의 사물적 존재자를 넘어서는 탁월한 존재라는 것을, 그리고 '불매', '명각', '명소'라는 것은 인식론적 개념으로 마음이 온갖 이치를 갖추고 사물을 조명照明·자각自覺하여 경영할 수 있다는 것을 나타낸다. 이렇게 마음은 온갖 이치를 갖추고 만물에 응대할 수 있는 존재자이기 때문에 율곡은 "마음이란 주체이지 객체가 아니며, 따라서 사물을 통솔해야 한다"고 말하고 있다.

하늘의 이치가 사람에게 부여된 것을 본성이라 하고, 본성과 기운이 합해져서 한 몸을 주재하는 것을 마음이라고 하며, 마음이 사물에 감응하여 외부에 발현하는 것을 감정이라고 말한다. 본성은 마음의 본체이고,

감정은 마음의 작용이다. 그리고 마음은 '아직 발현되지 않은 것'과 '이미 발현된 것'을 총괄하는 명칭이다. 그러므로 마음은 본성과 감정을 총괄·주재한다고 말한다.[226]

앞서 역자는 "무릇 어떤 것들이 상호 작용하려면 그것들은 일정한 정도의 동질성을 지녀야 한다"고 하는 지적을 제시한 바 있다. 그런데 율곡의 존재론은 '일원론'이라는 점에서, 인간을 근원적으로 '심신의 통일된 실재성'으로 파악하고 있으며, 따라서 여기서는 이원론의 난점에서 나타나는 심신의 상호 작용의 문제가 제기되지 않는다. 이 점에서 본다면 마음과 몸을 분리한 다음 "이 양자는 어떤 관계에 있는가?" 하는 질문은 잘못된 문제 설정에서 비롯된 헛된 문제 제기라 할 수 있다.

다음으로 '본성 다원론'의 입장이 지니는 의미를 살펴보자. 율곡에 따르면, 마음과 몸은 같은 근원을 지니는 기운〔一元之氣〕에서 유래했다는 점에서는 일원론이지만, 기운의 정상精爽으로 구성된 인간의 마음은 인의예지의 본성을 가장 온전히 갖추고 있는 반면, 신체는 그렇지 못하다는 점에서, 마음과 몸은 그 본성을 달리한다. 바로 이 점을 현대 물리주의적 심신 관계론자들은 간과하고 있다고 하겠다. 왜냐하면 현대 실증 과학에 입각한 물리주의적 심신 관계론은 실험과 관찰을 통해 모든 존재를 수량화하여 그 기능에 의해서만 평가하기 때문에, 만물이 지니고 있는 고유 본성인 질적인 측면을 간과한다. 나아가 실험의 주체인 인간 자신마저도 대상적인 것으로 파악할 따름이다. 그러나 율곡의 심성론은 반성 주체로서 인간의 마음(虛靈明覺)의 고유성을 인정하며, 마음과 신체의 관계를 고유 본성이 지니는 질적인 차이로 설명해주는 장점이 있다고 할 것이다.

그렇다면 이제 율곡의 명제에서 제시된 언명을 플라톤의 영혼 삼분설 등과 결부시켜 그것이 지니는 인성론적 의미를 살펴보자. 앞서 우리는 인간 본성에 대한 모든 이론은 단순히 '인간성 일반'에만 초점을 두는 것이 아니라, 반드시 인간들 간의 차이와 각자의 내면적 갈등에 주목하며, 나아가 그것들이 인간의 상호 관계에 어떠한 영향을 미치는지를 살펴보아야 한다고 말한 바 있다. 이제 역자는 율곡이 제시한 기발이승일도설, 심성정의일로설, 인심도심종시설 등은 이러한 문제들과 어떻게 연관되는지를 해명하면서 이 글을 맺고자 한다.

먼저 율곡은 우주의 만물과 인간, 그리고 인간 마음은 하나의 원리로 일관한다고 말하고 있다. 요컨대 율곡에 따르면, 천지의 작용(天地之化)뿐만 아니라, 우리 마음의 발용(吾心之發) 또한 '기발이승일도설'의 적용을 받는 것이다. 나아가 율곡은 만물과 인간의 차이, 보편적 인간과 현실적 인간의 차이, 인간들 간의 차이, 그리고 인간 내의 다양한 계기들

간의 차이 등을 이통기국의 원리로 설명한다. 즉 "이치는 '하나'일 뿐이지만, 이치가 타고 있는 기운이 승강비양하여 뒤섞여 고르지 아니한다. 이에 천지와 만물이 생겨남에 어떤 것은 바르고 어떤 것은 치우치며, 어떤 것은 통하고 어떤 것은 막히며, 어떤 것은 맑고 어떤 것은 흐리며, 어떤 것은 순수하고 어떤 것은 잡박하게 되어, 인간과 만물의 차이, 인간들 간의 차이, 인간 내의 다양한 계기들(마음, 신체, 사지 등)의 차이가 발생했다는 것이다.

그렇다면 율곡이 인간 내면의 갈등 관계를 설명하고 있는 글을 살펴보자. 그는 '인마승人乘馬의 비유'를 통해 다음과 같이 말하고 있다.

> 사람이 말을 타는 것에 비유하면, 사람은 본성이고 말은 기질에 비유할 수 있다. 말의 성질이 양순하기도 하고 양순하지 않기도 한 것은 기품에 맑음과 탁함, 순수함과 잡박함의 차이가 있는 것과 같다. 문밖을 나설 때에 혹 말이 사람의 뜻에 따라 나가는 경우도 있고, 혹 사람이 말이 가는 대로 맡겨두고(信)(신信 자는 임任 자와 같은 뜻이나 약간 다르다. 대개 임 자는 알고서 일부러 맡겨보는 것이요, 신 자는 알지 못하면서 맡기는 것이다) 그대로 나가는 경우도 있으니, 말이 사람의 뜻에 따라 나가는 것은 사람이 위주가 되니 곧 도심이고, 사람이 말이 가는 대로 맡겨 두고 그냥 나가는 것은 말이 위주가 되니 곧 인심이다. 그리고 문 앞의 길은 사람과 사물이 마땅히 가야 할 길이다. 사람이 말을 타고 문밖을 나서지 않았을

때에는 사람이 말이 가는 대로 맡겨둘 것인지 아니면 말이 사람의 뜻을 따를지 다 같이 그 단서를 알 수 없기 때문에, 이는 인심과 도심이 본래 상대적인 묘맥이 없는 것과 같다.[227]

율곡의 이 비유를 다음과 같은 플라톤의 영혼의 비유와 비교하여 살펴보자.

영혼은 날개 달린 두 마리 말과 날개 달린 마부가 긴밀하게 결합된 힘과 유사하다…우리 인간들의 경우에는 먼저 마부가 조종하는 한 쌍의 말들로 되어 있다. 그중 하나는 고귀하고 선하며 선한 태생인데 반해, 다른 하나는 반대 성격이고 태생도 반대라서, 마부의 일이 어렵고 성가시다.

여기서 플라톤은 영혼 삼분설을 통해 가능성의 존재로서 인간의 마음에서 계속해서 발생하는 내면적 갈등을 보여주었다. 즉 마부는 우리 몸의 머리에 상응하는 영혼의 덕으로서 이성(지혜)이며 좋은 혈통에서 태어난 고귀한 말은 몸의 가슴에 상응하는 영혼의 덕으로서 기개(용기)이고, 그 반대의 혈통을 타고난 또 하나의 말은 몸의 사지에 상응하는 것으로 영혼의 욕망(절제)을 나타낸다. 인간 영혼은 이 세 가지 요소들이 상호 갈등하는 관계인데, 여기서 가장 영혼다운 '이성적인 요소'가 기질적인 요소를 잘 활용하여 동물적인 욕망을 적절히 통제해야 한다는 것이다.

이와 대비되게 율곡의 '인마승의 비유'에서 사람(마부)이 란 인간이 실현해야 할 인간 본성을 상징한다. 그런데 이러한 인간 본성(性=心+生)은 우리 마음(心)에 갖추어져 있는데, 인간 본성의 담지자로서 그 실현의 수단이자 주체가 되는 기질은 말(馬)에 비유된다. 잘 훈육된 순한 말이라는 것은 사람의 뜻에 부응하여 올바로 길을 가는 것으로 곧 인간 본성을 자각하고 실현하려는 도심에 비유된다. 그리고 인간 마음은 신체와 상호 작용한다는 점에서 신체를 유지하기 위한 욕망에서 발생하는 인심이 있는데, 이것은 말이 그 자신의 뜻으로 길을 가는 것에 비유된다. '마음이 하고자 하는 것을 좇아도 법도를 넘어서지 않는' 성인의 경우에는 인심이 곧 도심이기 때문에 더 이상의 훈육이나 수양을 필요로 하지 않는다. 그러나 일반인의 경우에는 신체적 욕망을 실현하려고 하는 인심은 인간 본성을 실현하려고 하는 도심의 주재를 받아 적절히 제재되어야 선할 수 있다.

플라톤과 마찬가지로 율곡도 신체적 욕망을 희생하고서라도 인간은 인간다운 본성을 실현해야 한다고 주장하는 것처럼 보인다. 플라톤은 비록 인간다운 측면인 이성이 여타 부분을 통제해야 한다고 주장하지만, 각각의 부분은 본질적으로 그 자체의 고유 본성(기개와 절제)을 실현해야 한다고 말한다. 율곡 또한 비록 도심이 인심을 주재해야 하지만, 신체적 욕망에서 발생한 인심 역시 없을 수 없는 것으로 적절하게 실현되어야 한다고 말하고 있다. 그래서 그는 "사람 마음의 형기에서 나왔다고 하더라도 바른 이치에 위배되지 않으면 진실로 도심에 어긋나지 않을 것이며, 혹 바른 이치에 위배되더라도 잘못되었다는 것을 알고 제재하여 그 욕심에 따르지 않으면, 이는 시작은 인심이었으나 끝에는 도심으로 마치게 된다"고 분명히 말했다. 플라톤에게서 마부(이성)는 말들(기개와 욕망)을 놓아줄 수 없으며, 그 말들을 계속해서 인도해야 하며, 그 목적은 조화와 화합에 있어야 하지 다른 모든 것을 희생시키면서 이성만을 추구하는 관계에 있는 것은 아니다. 이와 마찬가지로 율곡에 있어서도 도의를 지향하는 도심과 신체적 욕망에서 발생한 인심의 관계 또한 오직 도심만 있을 수 없으며, 도심이 인심을 끝까지 제재해야 하며, 나아가 양자 간에는 조화(윤집궐중)가 있어야 한다고 하겠다.

그런데 플라톤에게서 이성의 참된 고향은 초월적인 이데아의 세계라고 할 수 있다. 따라서 플라톤은 우리의 내면에서 발생하는 갈등을 심각하게 생각하지만, 그 초점은 차안이 아니라, 피안의 세계에 있다고 할 수 있다. 그가 말하는 인간의 참된 본성은 궁극적 실체(이데아)에 대한 지식으로부터 나오는 이성적 생활에 있다. 여기서 플라톤이 주장하는 내용의 핵심은 주지주의主知主義적인 것으로, 무엇이 정말로 선하고 정당한가를 파악할 수 있게 하는 지성Nous을 계발시킴으로써 인간의 영혼이 선을 행할 수 있다는 것이다. 나아가 인간을 이성적-공동체적 동물이라고 했듯이, 플라톤은 국가를 이성적 인간의 확대판으로 보고, 인간과 국가를 지배함에 있어 인간의 가장 고귀한 지적 능력인 지성에 의해서만 그 지배가 정당화된다는 논리를 피력하고 있다. 여기에서 지성이란 이데아 혹은 형상을 인식하고 이를 본本으로 삼아 실천하는 능력이라고 할 수 있다. 지성에 의해 이데아를 인식한 사람이 바로 철인이고, 이 철인만이 왕Philosopher-king으로서 국가를 통치하여 국가의 덕인 정의를 실현할 수 있다. 바로 이 점에 근거를 두고 플라톤은 철인왕 정치를 정당화한다.

이에 비해 율곡은 도심 또한 하늘의 명령에서 나온 인간 본성에 근원을 두고 있다〔原於性命之正〕고 보았다. 그것은 구체적인 실존의 기운으로 이루어진 몸과 마음에 의해 현실적으로 실현되어야 할 것으로 제시되어 있다. 이 점에서 율곡이 제시하는 교육의 방법은 기질의 개선〔矯氣質〕이라고 하는 수양론에 초점이 맞추어져 있다. 그리고 인간은 사회적 존재〔仁也者 人也〕라고 주장하는 유자로서 율곡은 개인적인 측면에서 도심이 인심을 주재하여야 하듯이, 도심으로 인심을 완전히 주재하도록 하여 수양을 완성한 성인이 인간 본성의 덕〔仁義禮智〕으로 국가를 이끌어 국가의 보편적인 덕을 실현하여 정명正名의 사회를 구현해야 한다고 말하고 있다고 하겠다. 그리고 바로 여기에서 수기를 통해 자아를 완성한 성인이 통치해야 한다고 하는 성학의 이념이 정당화된다.

(3) 율곡 이론의 인성론적 의의

여기서는 율곡의 인심도심설이 지닌 인성론적인 의미를 탐색해보자. 앞서 인성론과 연관해 1) 인성의 내용, 2) 인성의 선천성과 후천성, 3) 인성의 선악 문제, 4) 인성의 고유성, 그리고 5) 인성의 확인 방법 등이 문제가 된다고 말했다. 이러한 문제들에 대해 율곡은 다음과 같이 대답한 셈이다. 즉 율곡은 1) 인성을 인의예지仁義禮智를 그 내용으로 하며, 2) 이러한 인성은 하늘로부터 인간에게 선천적으로 주어졌으며, 3) 가치론적으로 선하여 선에 대한 규범적·기술적 정의를 제시해주며, 4) 인간 역시 자연의 일부이지만, 인간에게만 고유한 인성이 있다는 것을 확인했으며, 5) 여타 자연과학과 논리는 달리하지만, 이 인성을 확인·보존하는 것이야말로 진정한 학문, 즉 성학의 길임을 선언했다. 그렇다면 이러한 율곡의 입장이 보여주는 방법론적 특징은 무엇인가?

서양철학에서는 'X란 무엇인가ti esti'라는 형식의 물음에, 다음 두 가지 전통의 대답이 있다. 하나는 '실체론substance theory'이고, 다른 하나는 '현상론phenomenalism(bundle theory)'이다.[228]

버클리George Berkeley와 흄David Hume으로 대표되는, '존재는 지각된 것'이라고 주장하는 '현상론자'들에 따르면, 'X'란 공존하는 속성들의 총합에 지나지 않는다. 즉 이들에 따르면, 우리가 무엇(토마토)이라고 하는 것은 어떤 시·공간에서 우리 감관에 지각된 것(둥긂, 붉음 등등)의 총합 이외에 다른 것이 아니다. 영국 경험론의 이러한 입장은 현대 과학주의에 의해 계승되었다. 이런 입장에 우리가 서게 되면 인간이란 무엇인가 하는 문제는 과학이 대답할 문제로서, 결국 인성이란 존재하지 않는 것이라는 입장으로 귀결된다. 그러나 아리스토텔레스와 중세 철학자들, 그리고 17~18세기 합리론자들에 의해 주장된 실체론에서는 그 '무엇'이란 그것이 지닌 속성 '이상'의 것이다. 즉 실체론자들에게서 '무엇'이란 그 속성들의 총합과 그 속성들이 귀속하는 토대가 되는 실체를 합한 것이다. 그렇다면 이러한 실체론자들이 '실체'를 주장하는 근거는 무엇인가? 그것은 바로 '변화로부터의 논증'에서 나왔다. 즉 데카르트가 《제일철학에 관한 성찰》의 〈제2성찰〉에서 밀랍에 의한 논증을 통해 예시하고 있듯이, 어떤 것의 속성들이 변화함에서 불구하고, 기체基體가 되는 실체는 변화 과정을 통해 불변하는 것으로 여전히 남아 있다고 우리는 추정한다. 이런 실체론적 입장을 우리의 인간 이해에 적용하면, 그것은 곧 이원론적 인간 이해와 연결된다.[229]

그런데 여기서 우리는 방금 제기한 두 문제(즉 객관적으로 관찰 가능한 것으로 설정했을 경우의 문제와 변화로부터의 논증으로 추론되는 것)를 통해서 다음과 같은 딜레마를 설정할 수 있다. 즉 우리가 인성을 객관적으로 관찰 가능한 것이라고 정립할 경우, 인성의 문제는 과학의 소관이 되고 현대 심리 철학이 내린 결론처럼 인성은 존재하지 않는 것으로 귀결된다. 그리고 감관에 의해 확인되지 않지만, 변화로부터의 논증을 택하게 되면 인성은 거의 확인 불가능하고, 통용 불가능한 것으로 귀결된다. 즉 아우구스티누스의 표현대로, "나는 누구인가quid ego sum" 혹은 "나의 본성은 무엇인가quae natura sum"라는 질문은 신만이 대답할 수 있는 것이 돼버린다. 따라서 이러한 인성 규정은 "신성神性과 같은 관념으로 빠져들어 간다는 점에서 인간성 개념 자체가 의심스러운 것임을 시사한다"[230]고 말할 수 있다.

그렇다면 율곡은 어떤 입장을 취하고 있다고 말할 수 있을까? 율곡은 앞의 딜레마의 양 뿔 사이를 피해 가는 전략을 선택했다. 우선 그는 인성을 감관을 통해 확인되는 것으로 보지 않는다. 만일 인성을 감관을 통해 확인한다면, 인성은 존재하지 않는다는 견해로 귀결된다. 율곡의 견해로 보자면, 이는 인성에 대해 '너무 적게' 말한 것이 된다. 즉 율곡은 성인聖人에서 일반 백성에 이르기까지 동류로서의 인간은 모두 선한 본성과 거기에서 근원을 두고 발출하는 도심을 지니고 태어났다고 말한다. 그렇다면 율곡은 인성을 '변화로부터의 논증'으로 도출했는가? 율곡은 그렇게 하지 않았다. 즉 율곡의 입장에서는 인성이 불변의 실체라고 간주하면, 인성을 '너무 많게' 말한 것이다. 왜냐하면 전술했듯이, 율곡에 따르면 인간의 본성과 도심은 하늘로부터 주어진 존재론적 실재성을 지니지만, 실존적 과정에서 실현해야만 그 의미를 지닌다고 할 수 있기 때문이다. 그렇다면 율곡은 이러한 인성을 어떻게 확인했는가? 율곡은 마음의 자기반성을 통해 인성을 정립했다. 즉 하늘이 부여한 탁월한 능력을 지닌 마음은 자기반성을 수행할 수 있기에, 이 자기반성을 통해 인성을 확인·정립할 수 있다는 것이 율곡의 입장이었다. 율곡의 '인심도심종시설'과 '심성정의일로설'은 허령명각한 마음의 자기반성적 차원을 잘 드러내주고 있다고 하겠다.

나아가 율곡의 인성론이 성공적으로 재구성된다면 오늘날 윤리학에도 중요한 의미를 지닐 것으로 판단된다. 율곡에 따르면, 인의예지를 지닌 인성과 성명의 바름에 근원을 두고 발출하는 도심은 우리의 도덕적 행위를 이끌어주는 원천이며, 가치론적으로 선하다. 그런데 주지하듯이 20세기에는 언어 분석철학이 등장하고, 그 방법론이 윤리학에 응용되어 메타-윤리학meta-ethics이 탄생했다. 이 메타-윤리학은 전통적인 윤리학의 문제를 해결하는 것이 아니라 해소dissolution하는 방식으로 전통 윤리학의 근거를 말살시켜버렸다. 그 결과 오늘날의 윤리학은 그 정당한 근거를 상실하고 있다고 해도 과언이 아니다. 바로 이런 상황에서 선한 인성에 기반을 두고 발출하는 도심이 있다는 율곡의 논증은 오늘날과 같은 메타-윤리학 시대에 도덕이 존재한다는 강력한 논증으로 남아 있을 수 있다고 전망해본다. 우리는 흔히 일상적으로 "불의를 보면, 문득 미워하는 마음이 샘솟는다", "불효나 불충을 저지르면 양심의 가책을 느낀다", "옳고 그르다는 것을 알지만…"이라는 식으로 말한다. 비록 단순한 예이지만, 이러한 사례들은 우리의 마음 자체가 선천적으로 선한 본성과 그것을 실현할 마음을 지니고 있다는 것을 말해주는 것은 아닐까?

주

1 《선조수정실록宣祖修正實錄》 선조3년 12월 1일 기사. 한국고전종합DB의 자료를 활용했다.

2 《선조수정실록》 선조17년, 1월 1일 기사. 한국고전종합DB의 자료를 활용했다.

3 《퇴계집退溪集》 권14, 〈답조사경서答趙士敬書〉.

4 《율곡전서栗谷全書》 권9, 〈상퇴계선생上退溪先生〉 참조.

5 송대 장재張載와 주자의 거주지로, 곧 장재와 주자를 말한다.

6 《율곡전서》 권2, 〈곡퇴계선생신미哭退溪先生辛未〉. "良玉精金稟氣純 眞源分派自關閩 民希上下同流澤 迹作山林獨善身 虎逝龍亡人事變 瀾回路闢簡編新 南天渺渺幽明隔 淚盡腸摧西海濱."

7 《율곡전서》 권38, 〈제자술잡록諸子述雜錄〉. "退溪善言學 栗谷善言理(《농암문집農巖文集》)."

8 성혼成渾(1535~1598). 본관은 창녕昌寧, 자는 호원浩源, 호는 우계牛溪·묵암默庵, 시호는 문간文簡이다. 좌의정에 추증된 성수침成守琛의 아들이다. 어머니는 파평坡平 윤씨. 서울 순화방에서 태어났으며, 1539년 파산 우계로 이사하면서 경기도 파주에서 자랐다. 열일곱에 신여량申汝樑의 딸과 혼인했으며, 그해 진사·생원 양시에 합격했으나 문과에는 응시하지 않았다. 백인걸白人傑에게 《상서尙書》

를 배웠으며, 당시 같은 고을에 살던 이이李珥와 도의지교를 맺었다. 선조 초년에 학행으로 천거되어 참봉參奉·현감 등을 제수받았으나 출사하지 않고, 파산에서 학문에 전념했다. 동서분당기에는 이이·정철鄭澈 등 서인과 정치 노선을 함께했다. 1589년 기축옥사己丑獄事로 서인이 정권을 잡자 이조참판에 등용되었으며, 이때 북인 최영경崔永慶의 옥사 문제로 정인홍鄭仁弘 등 북인의 맹렬한 비난을 받았다. 1592년 임진왜란 중에는 세자의 부름으로 우참찬이 되었으며, 1594년 좌참찬으로서 영의정 류성룡柳成龍과 함께 주화론을 주장했다. 학문 경향은 1572년부터 6년간에 걸쳐 이이와 인심도심설을 논한 왕복 서신에 잘 나타나 있다. 이 서신에서 성호원은 이황李滉의 이기호발설理氣互發說을 지지, 이이의 기발이승일도설氣發理乘一途說을 비판했다. 이이는 그의 학문을 평가하며 "의리에서는 내가 분명하지만, 실천에서는 그에게 미치지 못한다"라고 했으며, 외손인 윤선거尹宣擧 또한 그가 학문에 있어서 하나하나 실천한 점을 높이 평가했다. 이황과 이이의 학문을 절충했다는 평가를 받기도 하는 그의 학문은 이이와 함께 서인의 학문적 원류를 형성했으며, 외손 윤선거·사위 윤증尹拯에게 계승되면서 소론학파의 사상적 원류가 되었다는 견해도 있다. 문인으로 조헌趙憲·황신黃愼·이귀李貴·정엽鄭曄 등을 두었다.

9 문장文章과 시부詩賦를 중요시하던 학파를 말한다.

10 여기서 말하는 '실학'이란 조선 후기의 실학(↔허학虛學)이 아니라, 진실 된 학문으로 곧 도리를 알게 해주는 학문을 말한다. 주자는 《중용장구中庸章句》에서 실학實學의 이념을 이렇게 천명했다. "이 편〔中庸〕은 곧 공자孔子의 문하에서 마음을 전수한 법이니…그 글은 처음에는 하나의 이치〔理〕를 말하고, 중간에 흩어져서는 온갖 일이 되고, 필경 다시 합하여 하나의 이치가 된다. 놓으면 온 우주에 충만

하고 거두면 물러나 세미한 곳에 감추어져 그 의미가 끝이 없으니 모두 '실학'이다. 잘 읽는 자는 완색하여 터득함이 있으면 종신토록 쓴다고 할지라도 다하지 못함이 있을 것이다. 주자, 《중용장구》〈수장〉 앞의 해설. "此篇 孔門傳授心法…其書 始言一理 中散爲萬事 末復合爲一理 放之則彌六合 卷之則退藏於密 其味無窮 皆實學 善讀者玩索有得焉 則終身用之 有不能盡者矣."

11 경經은 성인聖人의 저작이고, 전傳은 현인賢人의 저술을 말한다.

12 "군자는 도를 도모하지 음식을 도모하지 않는다. 밭을 갈아도 굶주림이 그 가운데 있을 수 있고, 학문을 하면 녹이 그 가운데 있으니, 군자는 도를 근심하지 가난을 근심하지 않는다."《논어論語》〈위령공衛靈公〉. "子曰 君子謀道 不謀食 耕也 餒在其中矣 學也 祿在其中矣 君子憂道不憂貧."

13 《소학》의 "人雖至愚 責人則明 雖有聰明 恕己則昏"라는 구절 참조.

14 《중용》〈14장〉. "君子素其位而行 不願乎其外 素富貴 行乎富貴 素貧賤 行乎貧賤 素夷狄 行乎夷狄 素患難 行乎患難 君子無入而不自得焉. 在上位不陵下 在下位不援上 正己而不求於人則無怨 上不怨天 下不尤人 故君子居易以俟命 小人行險以徼幸 子曰 射有似乎君子 失諸正鵠 反求諸其身."

15 우계의 부친인 청송聽訟 성수침을 가리킨다.

16 《맹자》〈고자상〉, '우산牛山' 장 참조.

17 《논어》〈공야장公冶長〉. "宰予晝寢 子曰 朽木 不可雕也 糞土之墻 不可杇也 於予與 何誅."

18 《논어》는 세 가지가 전해 내려오고 있는데, 제나라에서 나온 《제론齊論》, 노나라에서 나온 《노론魯論》, 공자의 고가에서 나온 《고론古論》이 그것이다. 뒤에 《제논》과 《고론》은 없어지고, 지금은 《노론》 계통이 중심을 이루고 있다.

19 《대학大學》〈1장〉.

20 《중용》〈1장〉.

21 중국 송나라의 성리학자.

22 인간이 지니고 태어난 선한 덕으로 인의예지仁義禮智를 말한다.

23 여기서 통체統體란 통일하는 전체 혹은 본체라는 뜻으로, 사물마다 각각 갖추고 태어난 것과 대비되는 개념이다.

24 《중용》〈1장〉. "喜怒哀樂之未發 謂之中."

25 《주역周易》〈계사상전繫辭上傳〉. "易有太極."

26 경敬이란 성리학의 주된 수양법으로 《주역》의 "경으로 안을 바르게 한다〔敬以直內〕"는 말에 연원을 두고 있다. 일반적으로 경이란 '마음을 한곳에 집중하며 혼란스럽지 않은 것〔主一無適〕'으로 정의되는데, 이는 성리학의 공부 방법에서 이론적 탐구인 '궁리窮理'와 함께 양 날개를 형성한다.

27 《장자莊子》〈양생주養生主〉. "爲善 無近名 爲惡無近刑 緣督以爲經."

28 적량공狄梁公. 이름은 인걸仁傑이고 자는 회영懷英이다. 고종高宗의 후后인 측천무후則天武后가 중종中宗을 폐위시키고 황위에 오르자, 적량공은 측천무후의 조정에서 벼슬하면서 장간지張柬之·환언범桓彦範 등 6명을 추천해 요직에 두고, 무후를 폐하고 중종을 반정反正시킬 모사를 지휘했는데, 적인걸이 죽은 뒤에 6명이 그 뜻을 이어 중종을 반정시킨 일을 말한다.

29 측천무후를 가리킨다. 중종을 폐위하고 나라 이름을 주周로 개칭했으므로 주무씨周武氏라 한 것이다.

30 중국 춘추시대 초楚나라의 재상으로 성은 투鬪, 이름은 곡오도穀於菟이고, 자는 자문子文이다. 초나라의 내란을 평정하는 등 공이 많았다. 《논어》〈공야장〉 편에 "세 차례나 출사出仕하여 영윤令尹이 되었지만 기뻐하는 빛이 없었고, 세 차례나 그만두었어도 노여워하는

빛이 없었다"고 하여 그 충성을 칭찬했으나, 다만 초나라 임금이 참람하게 왕이라 칭하는 것을 말리지 못하였으므로 이를《춘추春秋》에서 기평記評했다.

31 당나라 삼대三代 황제, 이름은 치治.

32 《맹자》〈등문공하〉. "夫枉尺而直尋者 以利言也."

33 춘추시대 위衛나라 사람으로 위나라 문공文公이 나라를 다스릴 때에는 나라에 도가 행해져 두각을 나타내지 못했으나, 성공成公이 무도無道하여 나라가 망할 지경이 되자 나라를 구했다.《논어》〈공야장〉. "子曰 寧武子 邦有道則知 邦無道則于 其知 可及也 其愚 不可及也." 주자는 다음과 같이 주석하고 있다. "寗武子 衛大夫 名兪 按春秋傳 武子仕衛 當文公成公之時 文公有道 而武子無事可見 此其知之可及也 成公無道 至於失國 而武子周旋其間 盡心竭力 不避艱險 凡其所處 皆智巧之士所深避而不肯爲者 而能卒保其身 以濟其君 此其愚之不可及也 ○程子曰 邦無道 能沈晦以免患 故曰不可及也 亦有不當愚者 比干是也."

34 풍도馮道는 중국 오대五代 후주後周 사람으로, 후진後晋, 글안契丹, 후한後漢, 후주後周 등 네 나라 열 임금을 섬겨 20년 동안 재상을 지냈고 스스로 장락로長樂老라 하였다.

35 무유서武攸緖는 중국 당唐나라 사람으로 측천무후의 조카이다. 무후가 집권하자 벼슬을 내놓고 숭산에 숨어 일생을 보냈으므로 무후가 패한 뒤에도 화가 미치지 않았다고 한다.

36 안회顔回는 자가 연淵이다. 공자가 가장 신임했던 제자이며, 공자보다 서른 살 어렸지만 공자보다 먼저 죽었다. 학문과 덕이 특히 높아서, 공자도 그를 가리켜 학문을 좋아하는 사람이라고 칭송했고, 또 가난한 생활을 이겨내고 도를 즐긴 것을 칭찬했다. 은둔한 군자적인 성격 때문인지 그는 "자기를 이기고 예禮로 돌아가는 것이 곧 인

仁이다"라든가, "예가 아니면 보지도 말고, 듣지도 말고, 말하지도 말고, 행동하지도 말아야 한다"는 공자의 가르침을 지킨 사람임에도 불구하고, 장자莊子와 같은 도가道家에게서도 높이 평가되었다. 젊어서 죽었기 때문에 저술이나 업적은 남기지 못했으나 《논어》에 〈안연顏淵〉 편이 있고, 그 외에 몇몇 서적에서도 그를 현자賢者와 호학자好學者로서 덕행이 뛰어난 사람이라고 전하는 구절이 보인다.

37 《중용》〈20장〉 참조.

38 《대학》의 팔조목 가운데 이론적 탐구〔窮理〕로서, '사물에 나아가 이치를 탐구하여 앎을 완성하는 것'을 '격물치지'라고 한다.

39 《대학》의 팔조목 가운데 내적 수양에 관한 것으로 '〔마음의 주인인〕 의지를 성실하게 하여 마음을 바로 잡는다〔誠意正心〕'는 뜻이다.

40 《논어》〈옹야〉. "有顏回者."

41 《중용》〈1장〉. "致中和 天地位焉 萬物育焉."

42 중이란 치우치지 않고〔不偏〕, 기울지도 않고〔不倚〕, 지나침과 모자람이 없는〔無過不及〕 것이라고 주자는 말했다.

43 인심人心이란 사람이 신체를 지니고 있기 때문에, 신체를 보존하기 위해 감발하는 욕망으로, 식食, 색色 그리고 안일安逸의 욕망을 말한다. 주자는 이는 형기의 사사로움〔形氣之私〕에서 발생한다고 말했다.

44 도심道心이란 '성명의 바름〔性命之正〕'에 근원하여 발현되는 마음으로, 은미하다〔惟微〕고 말한다.

45 《대학》의 삼강령三綱領, 즉 밝은 덕을 밝힘〔明明德〕, 백성을 새롭게 함〔新民〕, 지극한 선에 머무름〔止於至善〕과 연관하여 해설하고 있다.

46 《중용》〈1장〉, "하늘의 명령을 본성이라 하고, 본성에 따르는 것을 도라 하고, 도를 닦는 것을 교라 한다〔天命之謂性 率性之謂道 修道

之謂教)"라는 구절을 해설하고 있다.

47 《중용장구》〈2장〉 주자 주註. "蓋中無定體 隨時而在 是乃平常之理也."

48 《중용장구》〈2장〉 주자 주. "君子知其在我 故能戒謹不睹 恐懼不聞 而無時不中 小人不知有此 則肆欲妄行 而無所忌憚矣."

49 《중용장구》〈1장〉 주자 주. "然必其體立而後用有以行."

50 《중용장구》〈20장〉. "誠者 天之道也; 誠之者 人之道也. 誠者不勉而中, 不思而得 從容中道 聖人也 誠之者 擇善而固執之者也."

51 《중용장구》〈20장〉. "在下位不獲乎上 民不可得而治矣 獲乎上有道 不信乎朋友 不獲乎上矣 信乎朋友有道 不順乎親 不信乎朋友矣 順乎親有道 反諸身不誠 不順乎親矣 誠身有道 不明乎善 不誠乎身矣."

52 중국 송나라 때 성리학자로 이름은 시時, 자는 중립中立, 호는 귀산龜山이다.

53 《춘추좌전春秋左傳》〈문공文公 2년〉 "仲尼曰 臧文仲 其不仁者三 不知者三 下展禽廢六關 妾織蒲 三不仁 作虛器 縱逆祀 祀爰居 三不知也."

54 춘추 시대 정鄭나라의 대부. 성은 공손公孫이고, 이름은 교僑이다.

55 《논어》〈공야장〉. "子謂子產 有君子之道四焉 其行己也恭 其事上也敬 其養民也惠 其使民也矣."

56 왕망王莽(기원전 45~기원후 23). 자는 거군巨君. 산둥 출생으로 한漢나라 원제元帝의 왕후인 왕王씨 서모의 동생 왕만王曼의 둘째 아들. 갖가지 권모술수를 써서 사실상 최초로 선양혁명禪讓革命에 의해 전한의 황제 권력을 빼앗았다. 기원후 5년에는 평제를 독살한 뒤 2세의 유영劉嬰(선제宣帝의 현손)을 세웠으며, 당시 유행하던 오행참위설五行讖緯說을 교묘히 이용해 인심을 모았다. 자기를 스스로 가황제假皇帝라 하고, 신하들에게는 섭황제攝皇帝라 부르게 했다. 그리고 "안한공 왕망은 황제가 되라"는 붉은 글씨가 쓰인 흰 돌을 이

용하고, '왕망이 황제가 되라'는 하늘의 표식으로 여겨지는 새 우물을 출현시키는 연극을 벌였다. 이처럼 신비적인 사건을 수반하여 인간에게 표시되는 천명天命을 부명符命이라 하는데, 왕망은 이 부명을 교묘히 이용했다. 기원후 8년 유영을 몰아내어 한나라를 멸망시키고 국호를 '신新'이라 하여 황제가 됨으로써 선양혁명에 성공했다.

57 《논어》〈이인里仁〉. "子曰 我未見好仁者 惡不仁者 好仁者 無以尙之 惡不仁者 其爲仁矣 不使不仁者 加乎其身."

58 《논어》〈헌문憲問〉. "子曰 桓公九合諸侯 不以兵車 管仲之力也 如其仁 如其仁."

59 양웅揚雄(기원전 53년~기원후 18년)은 중국 전한 말기의 사상가이며 문장가이다. 자는 자운子雲이다. 촉군 성도에서 태어났다. 젊어서부터 박식했으나 말을 더듬었기 때문에 서적만을 탐독하며 사색에 몰두했다. 약 30세에 비로소 대사마大司馬인 왕음王音에게 문재를 인정받아 성제成帝의 급사황문랑給事黃門郎(궁중의 제사를 관장하는 관원)이 되어, 왕망王莽과 유흠劉歆의 동렬에 있었다. 나중에 궁정 쿠데타로 왕망이 신新의 왕실을 일으켜, 양웅은 노년의 선비로서 대부大夫라는 직책에 취임해 죽는 해까지 머물렀다. 이 점에 대해 송대宋代 이후의 절의관節義觀으로부터 비난을 받았다.

60 왕릉王陵은 한나라 고조高祖 때 사람이다. 고조의 공신으로 고조 다음 황제인 혜제惠帝가 붕어한 후 여태후呂太后가 정권을 잡고 여씨를 옹립하려 하자 유씨가 아니면 황제가 될 수 없다는 고조의 맹약을 인용하며 반대했다.《전한서前漢書》권40 참조.

61 《논어》〈옹야〉. "子曰 賢哉 回也 一簞食 一瓢飮 在陋巷 人不堪其憂 回也 不改其樂 賢哉 回也."

62 권도權道란 예컨대 "남녀 간에 손을 잡지 않은 것은 상도이지만, 형

수가 물에 빠졌으면 손을 잡고 구해주는 것"을 말한다.《맹자孟子》〈이루상離婁上〉에서 맹자와 손우곤의 (물에 빠진 형수 구하기) 대화를 풀어보면, 이 둘의 의미를 잘 알게 된다.

순우곤이 묻기를, "남자와 여자가 주고받는 것을 직접적으로 하지 않는 것이 예절입니까?" 맹자는 답으로 "예절이다"라고 했다. 순우곤이 또 말하기를, "형수가 물에 빠지면 손을 잡아끌어 잡아당기겠습니까?"라고 하자, 맹자는 "형수가 물에 빠졌는데 끌어 잡아당기지 아니한다면 이는 승냥이와 이리 같은 짐승이다. 남자와 여자가 주고받기를 직접적으로 하지 않는 것은 예절이고, 형수가 물에 빠졌을 때 손으로 끌어 잡아당기는 것은 권도다"라고 했다.

이것은 단순히 남녀수수부친男女授受不親이나 남녀칠세부동석男女七歲不同席에 관한 도덕적 의미만 있다고 보이지 않는다.

63 송익필宋翼弼(1534~1599)은 호가 구봉龜峰이며, 본관은 여산礪山, 자는 운장雲長이다. 모든 방면에 뛰어나 자신의 학문과 재능에 자부심이 강했던 송익필은 아무리 고관·귀족이라도 한 번 친구로 사귀면 자字로 부르지 관官으로 부르지 않았다고 한다.

64 조선 중기의 학자로 이름은 희삼希參이다.

65 청반淸班이란 조선 시대에, 학식과 문벌이 높은 사람이 임용됐던 규장각, 홍문관弘文館 따위의 벼슬로서 지위는 낮으나 훗날 높은 관직에 등용될 수 있는 관직이었다.

66 대관臺官이란 조선 시대 사헌부 또는 그 관원의 통칭으로 대신臺臣·헌관憲官이라고도 한다. 사헌부는 정사를 논하고 백관을 규찰하며, 풍속을 바로잡고 억울한 것을 풀어 주며, 남위濫僞를 금하는 등의 업무를 맡은 곳이었다. 사헌부 관원 가운데 감찰을 제외한 지평 이상의 대관은 간쟁·논박論駁을 맡은 사간원의 대사간·사간·헌납·정언 등과 함께 대장臺長이라 하였다. 대관은 조선 시대 대표적 청요

직이다.

67 강관講官이란 임금이나 세자가 경연經筵이나 서연書筵을 할 때 경서 등을 강론하는 문관文官을 말한다. 대개 집현전集賢殿의 학사나 홍문관·성균관成均館의 유신儒臣 등이 여기에 임명되었다.

68 조선 시대 육조六曹 가운데 군사와 우역郵驛에 관한 일을 맡아보던 관아의 정오품 벼슬.

69 《맹자》〈만장하〉. "位卑而言高 罪也 立乎人之本朝 而道不行 恥也."

70 횡설橫說이란 동시대적 공간상에서 논하는 것이고, 수설竪說은 시간상으로 논하는 것으로 원래는 학문상의 용어이다. 우리가 일상에서 '말이 두서없이 왔다 갔다 한다'는 의미의 '횡설수설'이란 여기에서 전의된 것이다.

71 성명이란 본성과 천명을 말하는데, 이는 하늘의 명령이 곧 인간의 본성이므로, 본성과 천명은 같은 것을 지시한다. 하늘 그 자체는 중中으로 선하기 때문에, 천명과 천명으로 주어진 본성 또한 바르다고 할 수 있다. 그래서 성명의 바름이라는 용어를 사용한다. 그리고 형기란 형상을 지니는 기운이라는 뜻으로, 우리의 신체를 말한다. 우리의 신체는 성명性命을 실현시켜주는 기구이지만, 그 자체 자기만을 고집하여 소통을 방해하는 자기 모순자이기 때문에, 형기의 사사로움이라고 한다.

72 《맹자》〈공손추상〉. "惻隱之心 仁之端也 羞惡之心 義之端也 辭讓之心 禮之端也 是非之心 知之端也"라는 구절에서 유래한 것으로 인간 본성의 덕인 인의예지의 단서가 되는 순선한 마음을 말한다.

73 《예기》〈예운〉 편의 "喜怒愛懼愛惡欲七子 不學而能"에서 유래한 것으로 인간 감정의 총화를 말한다. 그 자체로 선악을 말할 수는 없다.

74 인심은 신체의 욕망에서 유래했고, 도심은 성명의 바름에서 근원하

였으니, 그 유래와 근원에서 구별된다. 따라서 서로 함께할 수 없다고 했다. 그러나 비록 인심이라고 하더라도 도심이 주재하여 마땅함의 도리에 따른다면 선하게 발현될 수 있다. 또한 그 역으로 비록 도심이라고 하더라도 중용의 도를 잃을 수 있다. 따라서 인심과 도심은 서로 종시가 된다고 말한다. 이를 율곡의 '인심도심종시설人心道心終始說'이라고 한다.

75 칠정七情은 인간 감정의 총화이기 때문에 순선한 감정인 '사단四端'을 포괄한다. 그러나 순선한 감정인 사단은 인간 감정의 총화인 칠정을 포괄할 수 없다. 이를 '칠정포사단설七情包四端說'이라 한다.

76 《서경》〈대우모〉. "人心惟危 道心惟微 惟精惟一 允執厥中."

77 주자는 다음과 같이 설명하고 있다. "마음의 허령지각은 하나일 따름이지만, 인심과 도심의 차이가 있다고 하는 것은 혹 형기의 사사로움에서 발생하고〔或生於刑氣之私〕, 혹 성명의 바름에 근원하여〔或原於性命之正〕 지각하는 것이 다르기 때문이다. 그래서 혹 위태롭고 불안하며, 미묘하여 보기 어렵다. 그런데 사람은 형기가 없을 수 없기 때문에 상지라고 하더라도 인심人心이 없을 수 없다. 또한 성性이 없을 수 없기 때문에 하우라도 도심이 없을 수 없다〔心之虛靈知覺 一而已矣 而以爲有人心道心之異者 則以其或生于形氣之私 或原于性命之正 而所以爲知覺者不同 是以或危殆而不安 或微妙而難見耳 然人莫不有是形 故雖上智不能無人心 亦莫不有是性 故雖下愚不能無道心 二者 雜於方寸之間而不知所以治之 則危者愈危 微者愈微 而天理之公 卒無以勝夫人欲之私矣〕."

78 사단이란 인간 감정 가운데 순수하게 선한 것만을 말하기 때문에 완전히 갖추지 못했다고 말하고, 나아가 정으로서 순수하다고 말하는 것이다.

79 율곡에 따르면, 헤아리고 비교하며 사려하는 것〔計較商量〕은 의지

〔意〕의 역할이다.

80 성리학의 이기론理氣論에 따르면, '무형의 이理'는 현실에서 '유형의 기氣'를 통해 드러난다. 따라서 이理로서 성性은 기氣와 함께 말해질 때 비로소 현실적인 의미를 지니게 된다. 그래서 이정二程은 이 문제를 해결한 단서를 장재의 '기질지성氣質之性'에서 발견하고 "성性을 논하면서 기질氣質을 논하지 않으면 갖추지 못했고, 기질氣質을 논하면서 성性을 논하지 않으면 분명하지 못하다. 둘로 하면 옳지 않다"고 말했다. 정자를 계승한 주자는 맹자가 말한 선한 본성을 '본연지성'으로, 그리고 기질氣質 속에 실존하는 성性을 '기질지성氣質之性'이라고 하여, 전래 인성론을 보완하고, 성선性善의 인성론人性論에서 제기되는 현실의 악 문제를 해결하려고 했다.

81 본연지성은 기질지성 가운데 순수한 이理만 가리켜서 말하는 것이며, 기질지성은 본성지성에 기질을 겸하여 말하는 것이다. 따라서 기질지성은 본연지성을 겸하여 말하는 것이 되지만, 본연지성은 기질지성을 겸하여 말하는 것이 될 수 없다.

82 《주자어류》 권53. "發於氣 發於氣."

83 《퇴계집》 권16, 〈답기명언논사단칠정제이서答奇明彦論四端七情第二書〉. "七情之情 亦有不善."

84 이른바 '호발설互發說'로 퇴계의 입장이다. "四端理發而氣隨之 七情氣發而理乘之."

85 우계가 율곡에게 질문한 서신이다.

86 학문을 연마하는 고매한 학자에게 쓰는 안부 인사.

87 정확한 명칭은 〈제육심통성정도第六心統性情圖〉이다.

88 《성학십도聖學十圖》〈심성정도心性情圖〉. "如四端之情 理發而氣隨之 自純善無惡 必理發未遂 而掩於氣 然後流爲不善 七者之情 氣發而理乘之 亦無有不善 若氣發不中 而滅其理 則放而爲惡也 夫如是 故程

夫子之言曰 論性不論氣不備 論氣不論性不明 二之則不是 然則孟子子思所以只指理言者 非不備也 以其幷氣而言 則無以見性之本善故爾 此中圖之意也 要之 兼理氣統性情者 心也 而性發爲情之際 乃一心之幾微 萬化之樞要 善惡之所由分也 學者誠能一於持敬 不昧理欲 而尤致謹於此 未發而存養之功深 已發而省察之習熟 眞積力久而不已焉 則所謂精一執中之聖學 存體應用之心法 皆可不待外求而得之於此矣."

89 허虛란 물체성을 결여하고 있다는 의미이고, 령靈이란 사물과는 다른 방식으로 주재가 된다는 의미이고, 지각이란 밝게 사물을 관조하여 이치를 인식할 수 있다는 의미다. 즉 허령지각이란 마음이 사물과 달리 텅 비어 있지만 무엇을 인식할 수 있는 신령스러운 능력을 지녔음을 말한다.

90 《근사록近思錄》. "明道先生曰 生之謂性 性卽氣 氣卽性 生之謂 人生氣稟理有善惡."

91 유행流行을 '흘러 움직임'이라고 번역했다. 이는 체용론體用論의 관점에서 이해할 수 있는데, 마음과 마음 씀, 귀와 들음, 혀와 맛봄, 눈과 봄 등이 본체와 작용의 관계이다. 본체와 작용은 하나이면서 둘이고, 둘이면서 하나인 관계이다.

92 성리학에서 가장 중요한 명제인 '이일이분수理一而分殊'를 설명하고 있다. 그런데 일반적으로 대부분의 번역본에서는 '이일분수理一分殊'를 '이치는 하나이지만, 나누어져 다르다'고 해석한다. 하지만 이는 '이치는 하나이지만, 나타남은 다르다'라고 해석해야 한다. 그것은 다음과 같은 이유에서 그렇다. '이일理一'이란 무엇인가? 이는 근원적인 동일성을 확인해주는 개념이다. 문자 그대로 보편Universal(하나로 관통함)이란 뜻이다. 그렇다면 여기서 '일一'이란 단순히 '다多'에 상반되는 개별적인 '하나'라는 뜻이 아니라, 개별적

인 한정을 초월하는 '절대絶對'(상대를 단절함)란 뜻이다. 이理가 형이상자 혹은 단적으로 초월이라는 바로 이런 의미이다. 그런데 만일 우리가 이 절대를 상대에 대립되는 절대라고 말한다면 이는 또 하나의 상대相對로 전락한다. 즉 상대에 대립하는 절대는 개념상 그것은 상대이지 절대가 아니다. 따라서 진정한 절대는 상대(개별자)를 통해 실현되는 것이어야 한다. 바로 이 점이 근대 변증법의 철학자 헤겔이 무한無限을 두 가지로 구별하면 악무한惡無限은 단순히 상대에 대립되는 무한이지만, 진무한眞無限은 상대를 통해 실현되는 '구체적 보편', '보편적 구체'여야 한다고 말한 이유이다. 정이의 '이일이분수理一而分殊'론에 바로 이러한 사유가 내포되어 있다. 보편이자 절대인 이일理一은 상대에 대립하여 악무한적으로 정립된 것이 아니라, 상대를 통해 실현되는 분수分殊여야 한다. 이理의 내재성은 바로 여기서 확보된다. 환언하면 이理는 시간·공간·인과의 범주를 초월하기에 세계 내 현상적 존재자가 아니다. 그렇다고 해서 이理는 세계 밖의 가상적인 존재자도 아니다. 그것은 언제나 시간을 시간화함, 공간을 공간화함, 인과를 인과화함 그 자체이다. 진영첩陳榮捷은 다음과 같이 해설한 바 있다.

"정이程頤의 편지에서 '이일이분수'라는 구절이 보이는 것에 주목하자. '분分'이란 낱말은 '분개分開하다divide'는 뜻의 평성平聲으로 발음되는 것이 아니다. 이러한 잘못된 이해가 '구별distinction'과 같은 잘못된 번역을 낳았다. 오히려 이것은 '의무duty', '공유share', '품수稟受, endowment'를 의미하는 거성去聲으로 발음되어야 한다. 철학적으로 그것은 개별적인 사람 혹은 물에 품부된 보편, 즉 개별자에 부분적으로 혹은 완전하게 '품부된 보편'을 의미한다. 따라서 현현顯現(나타남manifestation)으로 번역한다"(Wing-Tsit Chan, "Patterns for Neo-Confucianism: Why Chu Hsi differs from Cheng

I", *Journal of Chinese Philosophy* 5, D. Reidel Publishing Co. 1978, 106쪽.)
'이일이분수理一而分殊'란 '이치는 하나의 절대이지만 그 나타남은 여럿'으로 해석할 수 있다. 이는 〈서명〉의 해석에서 주자가 "정자程子가 이일이분수理一而分殊를 밝힌 것이라고 했는데 한 마디로 잘 요약했다고 할 수 있다"고 한 데에서 유래했다(《성리대전性理大全》4, 〈서명西銘〉 주자 주, "程子以爲明理一而分殊 可謂一言以蔽之矣"). 주자는 《화엄경華嚴經》(23:24)의 유명한 '월인천강月印千江'의 비유를 원용하여 말함으로써 자신의 비유가 불교에서 유래했음을 인정했다.(《주자어류朱子語類》 18:29. "一月普現一切水 一切水月一月攝 這是釋氏也窺見得 這些道理") 또한 주자의 다음과 같은 설명에 명확히 나타나 있다.
"(묻기를) 태극太極은 분열되는 것인가? 말하기를, 본래 단지 한 태극이지만 만물이 각각 품수함이 있어 또한 자연히 하나의 태극을 온전히 갖춘다. 비유하면, 달은 하늘에 있는 단 하나일 따름이나, 흩어져 강과 호수에 있어 장소에 따라 나타나지만 달이 이미 분열되었다고 할 수는 없다."(《주자어류》 94:37. "太極分裂乎 曰 本只是一太極 而萬物各有稟受 又自各全具一太極爾 如月在天 只一而已 及散在江湖 則隨處而見 不可謂月已分也.")
태극太極을 이치로 보는 주자의 입장에서 보면, 여기서 말하는 천상월天上月은 '이일理一'에 그리고 수중월水中月은 곧 '분수지리分殊之理'에 해당한다. 즉 자연과학적인 의미로 세포가 분열하듯이 나누어져 천상월天上月〔이일〕이 수중월水中月〔분수〕이 되는 것이 아니다. 이치는 늘지도, 줄지도, 생겨나지도, 움직이지도, 고요하지도 않는다. 주자의 비유로 보면, 단지 기상 조건과 물의 상태〔기질〕에 따라 온전히 현현되는가, 부분적으로만 현현되는가, 아니면 전혀 현현하지 못하는가의 차이가 있을 따름이다.

93 《중용》〈1장〉. "喜怒哀樂未發謂之中."

94 학문을 연구하는 고매한 인자에게 쓰는 안부의 말이다.

95 주자가 〈태극도설太極圖說〉 주에서 말한 것이다. "統體一太極."

96 《중용》〈1장〉. "天地位焉 萬物育焉."

97 《중용》〈1장〉. "修道之謂教"에 대한 설명이다.

98 《예기禮記》〈악기樂記〉에 나오는 구절이다. "人生而靜, 天之性也. 感於物而動, 性之欲也. 物至知知, 然後好惡形焉. 好惡無節於內, 知誘於外, 不能反躬, 天理滅矣." 주자는 《시경집주詩經集註》〈서序〉를 이 구절로 시작하고 하였다. "或 問於予曰 詩 何爲而作也 予 應之曰 人生而靜 天之性也 感於物而動 性之欲也."

99 주석 77 참조.

100 기대승奇大升(1527~1572). 본관은 행주幸州, 자는 명언明彦, 호는 고봉高峰·존재存齋, 시호는 문헌文憲이다. 전남 나주 출생. 1549년(명종 4) 사마시司馬試를 거쳐, 1558년 식년문과式年文科에 급제하고 사관史官이 되었다. 《주자대전》을 발췌하여 《주자문록朱子文錄》(3권)을 편찬하는 등 주자학에 정진했다. 32세에 퇴계의 제자가 되었다. 퇴계와 12년 동안 서한을 주고받으면서 8년 동안 사단칠정을 주제로 논란을 편 것으로 유명하다.

101 《주역》〈계사상전〉 10, "易无思也 无爲也 寂然不動 感而遂通天下之故. 非天下之至神 其孰能與於此?"

102 본연지성이란 천명의 본성 그 자체로서 순수한 이치만을 추상하여 말하는 것이다. 기질지성이란 순수한 이치인 본연지성이 기질에 타재墮在되어 있는 것을 말한다. 본연지성이 순수 이념태라면, 기질지성은 현실태라고 할 수 있다.

103 《중용》〈1장〉. "喜怒哀樂之未發 謂之中 發而皆中節 謂之和 中也者

天下之大本也 和也者 天下之達道也."

104 《이정유서二程遺書》 권1. 《주역》 〈계사상전〉에 "형상을 넘어서는 것을 도라고 하고 형상을 지니는 것을 기器라고 한다(形而上者謂之道 形而下者謂之器)"는 말에 대한 풀이이다. 여기서 도란 만물의 이치를, 기란 형상을 지닌 만물을 말한다.

105 나흠순羅欽順(1465~1547)은 명明 대의 유학자로 자는 윤승允升, 호는 정암整庵이다. 중국 강서성 길주 태화 사람으로 1493년 진사에 급제하면서 승진을 거듭, 벼슬이 이부상서吏部尙書에까지 이르렀다. 그 사이 잠깐 선禪 사상을 접했지만, 후에 그것이 옳지 않음을 깨닫고 주자학에 철저히 몰두했다. 특히 이치와 기운이 섞여 사이가 없음(渾淪無間)을 주장했다.

106 퇴계의 이기호발설과 율곡의 기발이승일도설을 말한다.

107 존중하는 상대방이 고요한 생활을 하고 있을 때 쓰는 안부의 말이다.

108 도학道學을 연구하는 높은 학자에게 쓰는 안부의 말이다.

109 《논어》 〈술이〉. "子曰 女奚不曰 其爲人也發憤忘食."

110 《근사록》 〈도체류〉. "伊川先生曰…動靜無端 陰陽無始 非知道者 熟能識之."

111 《근사록》 〈도체류〉. "明道先生曰…水之淸 則性善之謂也 故不是善與惡在性中 爲兩物相對各自出來."

112 진순陳淳은 주자의 제자로 호는 북계北溪이고, 저서로 《북계자의北溪字義》가 있다.

113 《예기》 〈단궁檀弓〉에 나오는 말이다. "벼슬을 잃으면 속히 가난해지고자 한다(喪欲速貧)"는 말은 공자가 벼슬을 그만두고도 물러나 은거할 줄 모르고 재직 중에 축재한 재물을 가지고 녹봉과 자리를 구하러 다니는 노나라 대부 남궁경숙南宮敬叔을 보고 한 말이었으며, "사람이 죽으면 속히 썩고자 한다(死欲速朽)"는 언명은 송나

라 대부 환퇴桓魋가 자기가 죽은 후에 들어갈 석곽을 손수 만들어 3년이 지나도 완성하지 못하는 것을 보고 한 말이다. 원문은 다음과 같다.

有子問於曾子曰, "問喪於夫子乎?" 曰, "聞之矣, 喪欲速貧, 死欲速朽." 有子曰, "是非君子之言也." 曾子曰, "參也聞諸夫子也." 有子又曰, "是非君子之言也." 曾子曰, "參也與子游聞之." 有子曰, "然. 然則夫子有爲言之也?" 曾子以斯言告於子游, 子游曰, "甚哉有子之言似夫子也. 昔者夫子居於宋, 見桓司馬自爲石槨, 三年而不成. 夫子曰, "若是其靡也. 死不如速朽之愈也." 死之欲速朽, 爲桓司馬言之也. 南宮敬叔反, 必載寶而朝. 夫子曰, "若是其貨也, 喪不如速貧之愈也." 喪之欲速貧, 爲敬叔言之也." 曾子以子游之言告於有子, 有子曰, "然, 吾固曰非夫子之言也." 曾子曰, "子何以知之?" 有子曰, "夫子制於中都, 四寸之棺, 五寸之槨, 以斯知不欲速朽也. 昔者夫子失魯司寇, 將之荊, 蓋先之以子夏, 又申之以冉有, 以斯知不欲速貧也."

114 노수신盧守愼〔1515(중종 10)~1590(선조 23)〕. 조선 중기의 문신·학자로 본관은 광주이다. 자는 과회寡悔, 호는 소재穌齋·이재伊齋·암실暗室·여봉노인茹峰老人으로 우의정 숭嵩의 후손이며, 아버지는 활인서별제活人署別提 홍鴻이다. 그는 시·문·서예에 능했으며, 경일敬一 공부에 주력할 것을 강조하고 도심미발道心未發·인심이발설人心已發說을 주장했다. 한편 양명학陽明學을 깊이 연구한 탓에 주자학자들의 공격을 받기도 했다. 또한 승려인 휴정休靜·선수善修 등과의 교분을 통해 학문적으로 불교의 영향을 받기도 했다. 그가 일찍이 옥당玉堂에 있으면서 경연에서 《서경》을 강론할 때에는 인심도심의 설명이 주자의 설명과 일치했으나, 진도로 유배되어 그 당시 들어온 나흠순의 《곤지기困知記》를 보고 난 후에는 이전의 학설을 변경하여 도심은 미발, 인심은 이발이라고 해석하게 되었다. 저서로는

《소재집》이 있다.

115 이치와 기운의 떨어질 수 없는 관계를 물과 그 물을 담는 그릇의 관계에 비유하고 있다.

116 《논어》〈양화〉. "性相近 習相遠也.", "子曰 唯上知與下愚 不移."

117 아주 악한 어떤 이가 형벌이나 천벌을 받지 않고 편안히 죽은 것을 말한다.

118 《맹자》〈이루상〉. "孟子曰 小役大 弱役强者 天也."

119 도학을 실천하는 높은 학자에게 하는 인사말이다.

120 중국 북송의 유학자(1020~1077). 자는 자후子厚, 호는 횡거橫渠. 유가와 도가의 사상을 조화시켜 우주의 일원적 해석을 설파함으로써 이정·주자의 학설에 영향을 끼쳤다. 저서에 《역설易說》, 《서명西銘》, 《동명東銘》 등이 있다.

121 《퇴계집》 권16, 〈답기명언논사단칠정〉.

122 주돈이周敦頤(1017~1073). 중국 북송의 유학자. 자는 무숙茂叔, 호는 염계濂溪. 당唐 대의 경전 주석의 경향에서 벗어나 불교와 도교의 이치를 응용한 유교 철학을 창시했다. 저서에 《태극도설》, 《통서》 등이 있다.

123 《염계집濂溪集》 권1, 〈태극도설太極圖說〉.

124 수水·화火·목木·금金·토土를 말한다.

125 안민학安敏學(1542~1601)은 조선의 문인으로 자는 이습而習, 호는 풍애楓厓, 시호는 문정文靖, 본관은 광주廣州이다. 이이의 문인으로 제자백가諸子百家에 통달하고 필법이 뛰어났으며 문장에도 능하여 사림士林의 존경을 받았다. 저서로는 《풍애집楓厓集》이 있다.

126 존경하는 이에게 '지내심이 편안합니까' 하는 정도의 인사말이다.

127 이치와 기운이 상호 발동한다는 호발설을 말한다.

128 《논어》〈술이〉. "子曰 若聖與仁 則吾豈敢 抑爲之不厭 誨人不倦 則可

謂云爾已矣."

129 《시경》〈대아大雅 증민烝民〉에, "하늘이 뭇 백성을 낳음에, 사물마다 법칙이 있다〔天生烝民 有物有則〕"라는 구절에서 나왔다. 여기서 하늘과 사물마다 있는 법칙을 성리학에서는 이치로 해석한다.

130 존경하는 이에게 쓰는 인사말이다.

131 '이치는 두루 모든 곳에 통하지만, 기운은 국한되어 제한적으로만 이치를 실현한다'라는 말로, 율곡이 성리학적 우주론의 핵심인 '이일분수理一分殊(이치는 하나이지만, 그것이 드러남은 다르다)'의 논리를 창의적으로 해석하여 내놓은 명제이다.

132 정철鄭澈(1536~1593). 호는 송강松江, 자는 계함季涵, 시호는 문청文淸이다. 그는 정치가로서보다는 시인으로서 문명을 떨쳤으니 당대 가사歌辭 문학의 대가로서 시조의 윤선도尹善道와 더불어 한국 시가 사상 쌍벽을 이룬다. 〈사미인곡思美人曲〉, 〈속미인곡續美人曲〉, 〈성산별곡星山別曲〉 등 수많은 가사와 단가를 지었다. 저서에 《송강집松江集》, 《송강가사松江歌辭》, 《송강별추록유사松江別追錄遺詞》 등이 있다.

133 박순朴淳(1523~1589). 자는 화숙和叔, 호는 사암思菴, 시호는 문충文忠이다. 서경덕徐敬德의 문인으로 1540년 사마시에 합격하고, 1553년(명종 8) 정시 문과에 장원한 뒤 성균관전적成均館典籍·홍문관수찬弘文館修撰·교리校理·의정부사인議政府舍人 등을 거쳤다. 1561년 홍문관응교弘文館應敎로 있을 때 임백령林百齡의 시호 제정 문제와 관련, 윤원형尹元衡의 미움을 받고 파면되어 향리인 나주로 돌아왔다. 이듬해 다시 기용되어 한산군수韓山郡守로 선정을 베풀었고, 1563년 성균관사성成均館司成을 거쳐, 세자시강원보덕世子侍講院輔德·사헌부집의司憲府執義·홍문관직제학弘文館直提學·승정원동부승지·이조참의 등을 지냈다. 1565년 대사간이 되어 대사헌 이탁李鐸과 함께 윤원형을 탄핵해 포악한 척신 일당의 횡포를 제거한 주역

이 되었다. 그 뒤 대사헌을 거쳐, 1566년 부제학에 임명되고, 이어 이조판서·예조판서를 겸임했다. 1572년 우의정에 임명되고, 이듬해 왕수인王守仁의 학술이 그릇되었음을 진술했으며, 이해 좌의정에 올랐다. 그 뒤 1579년에는 영의정에 임용되어 약 15년간 재직했다. 이이가 탄핵당했을 때 그를 옹호하다가 도리어 양사兩司(사헌부와 사간원)의 탄핵을 받고 스스로 관직에서 물러나 영평 백운산에 암자를 짓고 은거했다. 일찍이 서경덕에게 학문을 배워 성리학에 널리 통했으며, 특히《주역》에 대한 연구가 깊었다. 문장이 뛰어나고 시에 더욱 능해 당시唐詩 원화元和의 정통을 이었으며, 글씨도 잘 썼다. 중년에 이황을 사사했고, 만년에 이이·성혼과 깊이 사귀어 '이 세 사람은 용모는 달라도 마음은 하나이다'라고 할 정도였으며, 동향의 기대승과도 교분이 두터웠다. 나주 월정서원月井書院, 광주 월봉서원月峰書院, 개성 화곡서원花谷書院, 영평 옥병서원玉屛書院에 제향되었고, 저서로는《사암집》일곱 권이 있다.

134 조선 시대 관보官報로, 기별, 기별지奇別紙, 조지朝紙, 저보邸報, 저장邸狀, 저지邸紙, 난보爛報, 한경보漢京報 등으로도 불렸다. 조보란 조정의 소식 또는 조정에서 내는 신문이라는 뜻이다. 일반 백성들에게는 기별 또는 기별지로 통했는데, 기별은 곧 소식이라는 뜻으로 조보가 소식을 전해주었기 때문이다. 조보의 기원에 대해서 차상찬車相瓚은《조광朝光》(1936.11.)에 쓴 〈조선신문발달사〉에서 신라 시대로 추정하였으나 현재까지 알려진 조보에 관한 가장 오래된 기록은《중종실록》권38 중종 15년(1520) 3월 26일자에 실려 있는 기록이다. 이 조보는 중종 이후부터 고종에 이르기까지 계속 발행되었으며, 1895년 2월《관보》로 바뀌면서 없어졌다. 승정원承政院에서 발행했던 조보는 정부의 공보 매체 내지 관보의 기능을 담당했으며, 오늘날 관보와 비슷한 성격 및 기능을 가지고 있었다. 조보에

는 단순한 보도 사항인 조정의 소식보다 관민의 사상과 여론의 계도啓導를 위한 내용들이 더 많았다.

135 《이정전서二程全書》〈유서遺書〉 권15. "沖漠無離 萬象森然已具 未應不是先 已應不是後."

136 담일청허湛一淸虛에서 '담湛'은 고요한 우물처럼 맑고 깊다는 의미이고, '일一'은 근원적 통일성을 의미한다. 기운의 본체가 담일청허하다는 것은 '맑고 비어 있는 듯하나 존재의 근원이 되는 기운'이라는 뜻이다.

137 "그러므로 주자朱子는 《태극도설》을 해석하면서, '태극이 움직임과 고요함을 가지고 있는 것은 천명이 유행하는 것이다'라고 말했는데, 이것은 주자周子를 도와 태극을 분석할 때 움직임과 고요함을 말해서는 안 되지만, 천명이 유행을 지니고 있기 때문에 부득이 움직임과 고요함으로 말했다. 〔주자는〕 또 '태극은 본연의 오묘함이고, 움직임과 고요함은 〔태극이〕 타는 틀이다'라고 하였는데, 틀은 마치 쇠뇌에 시위를 거는 장치와 같으니, 쇠뇌의 시위가 이 틀을 타고 있는 것은 예컨대 '말을 타다'의 '타다'와 같이 틀이 움직이면 쇠뇌의 시위가 튕겨 나가고 틀이 고요하면 시위는 튕겨 나가지 않는다는 것이다. 기가 움직이면 태극 또한 움직이고 기가 고요하면 태극 또한 고요하다. 태극이 이 기를 타는 것은 마치 쇠뇌의 줄이 틀을 타는 것과 같다. 그러므로 '움직임과 고요함이란 〔태극이〕 타는 틀이다'라고 하였으니, 이는 〔태극이〕 타고 있는 기의 틀에 움직임과 고요함이 있으나 태극의 본연의 오묘함은 움직임과 고요함이 없음을 말한다." 주자, 《태극도설해太極圖說解》 2:8. "故朱子釋《太極圖》曰, '太極之有動靜 是天命之流行也', 此是爲周子分解太極不當言動靜以天命之有流行 故只得以動靜言也. 又曰, '太極者本然之妙也 動靜者所乘之機也', 機猶弩牙 弩弦乘此機 如乘馬之乘 機動則弦發 機靜則弦

不發. 氣動則太極亦動 氣靜則太極亦靜. 太極之乘此氣 猶弩弦之乘機也. 故曰, '動靜者所乘之機', 謂其所乘之氣機有動靜 而太極本然之妙無動靜也."

138 《맹자》〈공손추상〉. "敢問夫子惡乎長 曰, 我知言 我善養吾浩然之氣 敢問何謂浩然之氣 曰難言也. 其爲氣也 至大至剛 以直養而無害 則塞于天地之間. 是集義所生者 非義襲而取之也. 行有不慊於心 則餒矣. 我故曰, 告子未嘗知義 以其外之也. 必有事焉而勿正 心勿忘 勿助長也. 無若宋人然, 宋人有閔其苗之不長而揠之者 芒芒然歸. 謂其人曰 今日病矣 予助苗長矣. 其子趨而往視之 苗則槁矣. 天下之不助苗長者寡矣. 以爲無益而舍之者 不耘苗者也, 助之長者 揠苗者也. 非徒無益而又害之."

139 《논어》〈위령공〉. "子曰 人能弘道 非道弘人."

140 《중용장구》〈서〉. "心之虛靈知覺 一而已矣 而以爲有人心道心之異者 則以其或生于形氣之私 或原于性命之正 而所以爲知覺者不同."

141 《주자대전》 권61. "氣質之性 只是此性墮在氣質之中 故隨氣質而自爲一性."

142 《이정전서》〈유서〉 권1. "生之謂性 性卽氣 氣卽性 生之謂也."

143 〈심성정도心性情圖〉를 말한다.

144 중국 은나라 말, 주나라 초(12세기경)의 전설적인 성인. 공자, 사마천 등이 전한 이야기에 의하면 백이는 숙제叔齊와 함께 고죽국孤竹國의 왕자였다. 선왕이 죽을 때 아우 숙제에게 왕의 자리를 물려주겠다는 말을 남기자 숙제는 형을 두고 왕이 될 수 없다고, 백이는 아버지의 말씀을 어길 수 없다고 서로 왕의 자리를 사양했다. 그리하여 마침내 두 형제는 고죽국을 떠나 주나라 문왕을 찾아 신하되기로 약속했는데, 막상 찾아가 보니 문왕은 죽고 그의 아들 무왕武王이 아버지의 위패를 싣고 은왕을 치려고 했다. 그것을 본 두 형제는

무왕에게 도덕에 어긋났다고 충고했으나 무왕이 끝내 듣지 않자 주나라의 벼슬을 하는 것은 부끄러운 일이라 하여 수양산에 들어가 고사리를 캐어 먹고 살다가 그것조차도 주나라 땅의 것이라며 굶어 죽기를 택했다고 한다.

145 《논어》〈자장〉. "博學而篤志 切問而近思 仁在其中矣."

146 《주자문집朱子文集》 권46. "論萬物之一原 則理同氣異 觀萬物之異體 則氣猶相近 而理絶不同也 氣之異者 粹駁之不齊 理之異者 偏全之或異…理自理 氣自氣 不相挾雜."

147 《이정전서》〈유서〉 권6. "論性不論氣不備 論氣不論性不明 二之則不是."

148 증점曾點은 노나라의 학자로, 증자라 일컬어지는 아들 증삼曾參과 함께 공자의 제자였다.

149 뜻은 지극히 높으나 행동이 말에 미치지 못하는 사람이다. 경솔하면서 진취적인 사람이라고 할 수도 있다.《논어》〈자로〉. "子曰 不得中行而與之 必也狂狷乎 狂者進取 狷者有所不爲也."

150 《논어》〈선진〉. "子路曾皙冉有公西華 侍坐子曰 以吾一日長乎爾 毋吾以也 居則曰 不吾知也 如或知爾 則何以哉 子路 率爾而對曰 千乘之國 攝乎大國之間 加之以師旅 因之以饑饉 由也 爲之 比及三年 可使有勇 且知方也 夫子哂之 求爾 何如 對曰 方六七十 如五六十 求也爲之 比及三年 可使足民 如其禮樂 以俟君子 赤爾何如 對曰 非曰能之 願學焉 宗廟之事 如會同 端章甫 願爲小相焉 點爾 何如 鼓瑟希 鏗爾舍瑟而作 對曰 異乎三子者之撰 子曰 何傷乎 亦各言其志也 曰 莫春者 春服 既成 冠者五六人 童子六七人 浴乎沂 風乎舞雩 詠而歸 夫子 喟然嘆曰 吾與點也."

151 《맹자》〈이루하〉. "孟子曰 君子深造之以道 欲其自得之也 自得之 則居之安 居之安 則資之深 資之深 則取之左右逢其原 故君子欲其自得

之也."

152 《중용》〈20장〉. "或生而知之 或學而知之 或困而知之 及其知之 一也 或安而行之 或利而行之 或勉强 而行之 及其成功 一也…誠者 天之道也 誠之者 人之道也 誠者 不勉而中 不思而得 從容中道 聖人也 誠之者 擇善而固執之者也."

153 "초야에 은둔한 인재로는 백이, 숙제, 우중, 이일, 주장, 유하혜, 소연이 있었다. 공자께서 말씀하시길, '그 뜻을 굽히지 않고, 그 몸을 욕되게 하지 않는 이는 백이와 숙제이다.' 유하혜와 소연에 대해 평하시길, 뜻을 굽히고, 몸을 욕되게 하였으나, 말은 윤리에 맞고, 행위는 사려에 맞았으니 그들은 이와 같을 따름이다. 우중과 이일에 대해 평하시길, 은거하면서 꺼리지 않고 말하였지만, 몸가짐은 깨끗함에 맞았고, 폐기된 것도 권도에 맞았다. 그러나 나는 이들과 달라 가한 것도 없고 불가한 것도 없다."《논어》〈미자微子〉. "逸民 伯夷叔齊 虞仲夷逸 朱張柳下惠少連 子曰 不降其志 不辱其身 伯夷叔齊與 謂柳下惠少連 降志辱身矣 言中倫 行中慮 其斯而已矣 謂虞仲夷逸 隱居放言 身中淸 廢中權 我則異於是 無可無不可."

이들에 대한 맹자(〈공손추상〉, 〈만장하〉)의 평가를 요약하면 다음과 같다.

백이: 마땅히 섬길 만한 임금이 아니면 섬기지 아니하고, 부릴 만한 백성이 아니면 부리지 않으며, 다스려지면 나아가고 어지러우면 물러났다. 백이의 풍도를 듣는 자는 완악한 지아비가 청렴해지고 나약한 지아비가 입지를 갖게 되었다. 성인의 청한자이다〔聖之淸者〕.

이윤: 누구를 섬긴들 나의 군주가 아니며, 누구를 부린들 나의 백성이 아니겠는가 하면서 다스려져도 나아가고, 혼란스러워도 또한 나아갔다. 천하의 중한자로 자임한 것이다. 성인의 자임한 자이다〔聖之任者〕.

유하혜: 더러운 군주를 섬김을 부끄러워하지 않고, 작은 벼슬을 낮게 여기지 않아 나감에 어짊을 숨기지 않아 반드시 그 도리를 다하였다…그러므로 말하기를 너는 너이고, 나는 나이니, 네가 비록 내 곁에서 옷을 걷고 몸을 드러낸다고 할지라도 네가 어찌 나를 더럽힐 수 있겠는가? 하였다. 유하혜의 풍도를 들은 자들은 비부가 너그러워지고, 박부가 후해졌다. 성인의 조화를 이룬 이다〔聖之和者〕.

공자: 벼슬할 만하면 벼슬하고, 그만둘 만하면 그만두고, 오래 머무를 만하면 오래 머물고, 빨리 떠날 만하면 빨리 떠났다. 성인의 시중인 자〔聖之時者〕로 집대성자이다.

그리고 맹자는 "백이는 협애하고, 유하혜는 공손하지 못하다고 비판하면서, 군자는 협애하고 공손하지 못한 것을 따르지 않는다"고 주장했다. 그리고 그는 집대성자로서 공자는 조리條理를 시작하는 지와 조리를 끝내는 성을 함께 갖추고 있는 분으로서, "생민 이래로 공자와 같은 분은 계시지 않았다"고 말하면서 "행함이 없지만, 공자를 배우고자 한다"고 말했다.

154 《맹자》〈공손추상〉. "敢問何謂浩然之氣 曰難言也 是集義所生者, 非義襲而取之也. 行有不慊於心, 則餒矣. 我故曰, 告子未嘗知義, 以其外之也 必有事焉而勿正 心勿忘 勿助長也 無若宋人然 宋人有閔其苗之不長而揠之者 芒芒然歸 謂其人曰 今日病矣 予助苗長矣. 其子趨而往視之 苗則槁矣 天下之不助苗長者寡矣 以爲無益而舍之者 不耘苗者也 助之長者 揠苗者也 非徒無益, 而又害之."

155 서경덕徐敬德(1489~1546)은 자는 가구可久, 호는 복재復齋 또는 화담花潭, 시호는 문강文康이다. 조선 중기의 학자. 이치보다 기운을 중시하여 주기론主氣論의 선구자로 평가받는다.

156 《화담집花潭集》〈원이기原理氣〉 권2.

157 《주역》〈계사상전〉. "한번 음하고 한번 양하는 것을 일러 도라고 하

고, 그것을 계승하는 것을 선이며, 그것을 이루는 것이 성性이다(一陰一陽之謂道 繼之者善也 成之者性也)"에서 가져온 말이다.

158 《화담집》 권3, 〈언행잡록言行雜錄〉 참조.

159 예枘는 네모난 촉꽂이이며, 착鑿은 둥근 구멍이다. 예착이란 네모난 촉꽂이를 둥근 구멍에 박으면 맞지 않는다는 것을 말한다.

160 《노자老子》 〈40장〉. "反者 道之動 弱者 道之用 天下萬物 生於有 有生於無."

161 《장자》 〈제물론齊物論〉. "有有也者 有無也者 有未始有無也者 有未始有夫未始有無也者."; 장자의 우주론으로는 다음의 구절 참조.

"대저 도라는 것은 실정이 있고 믿음직스러움이 있지만, 작위도 없고 형체도 없어 전할 수 있지만 받을 수 없고, 체득할 수 있지만 볼 수는 없다. 스스로 존재 근거가 되어 천지가 아직 생겨나지 않았던 옛부터 존재하여 귀신과 상제를 신령스럽게 해주고 천지를 생겨나게 했다. 태극보다 위에 존재하지만 높다 하지 않고, 육극의 아래에 있지만 깊다하지 않고, 천지보다 앞서 존재하였지만 오래되었다 하지 않고, 상고 시대보다 오래되었지만 늙었다고 하지 않는다." 《장자》 〈대종사大宗師〉. "夫道 有精有信 無爲無形 可傳而不可受 可得而不可見 自本自根 未有天地 自古以固存 神鬼神帝 生天生地 在太極之先而不爲高 在六極之下而不可深 先天地生而不可久 長於上古而不爲老."

162 소송訴訟에서 원고와 피고, 혹은 피고만을 이르는 말이다.

163 《맹자》 〈고자상〉. "一簞食, 一豆羹, 得之則生, 弗得則死. 吳爾而與之, 行道之人弗受; 蹴爾而與之, 乞人不屑也. 萬鍾則不辨禮義而受之. 萬鍾於我何加焉 爲宮室之美, 妻妾之奉, 所識窮乏者得我與 鄕爲身死而不受, 今爲妻妾之奉爲之; 鄕爲身死而不受, 今爲所識窮乏者得我而爲之, 是亦不可以已乎 此之謂失其本心."

164 남송시대 성리학자인 황간黃幹은 주자의 문인으로 면재勉齋는 호이다.

165 〈답안응휴천서〉. 안천서安天瑞는 호가 응휴應休로 율곡의 제자이다. 《율곡전서》 권12, 서4에 있는 것으로, 인심과 도심, 사단과 칠정에 관해 논한 글이므로 부록으로 게재한다.

166 《이정전서》 권18, "心譬如穀種 生之性 偏是仁也 陽氣發處 乃情也."

167 《송원학안宋元學案》 권11, 〈염계학안濂溪學案〉 상.

168 부록 II의 〈인심과 도심에 관한 도설〉 참조.

169 온溫은 원元의 발용이며, 난暖은 형亨의 발용이며, 양凉은 이利의 발용이며, 냉冷은 정貞의 발용이다.

170 자애慈愛는 인仁의 발용이며, 공경恭敬은 예禮의 발용이며, 단제斷制는 의義의 발용이며, 분별分別은 지智의 발용이다.

171 〈인심도심도설人心道心圖說〉. 이 도설은 임오년(1582, 선조15) 7월에 율곡이 임금의 교지敎旨를 받들어 지어올린 것〔奉教製進〕이다. 50년도 채 살지 못했던 율곡이 47세에 지은 것으로 그의 철학의 정론이자 정수가 가장 잘 나타나 있는 글이라고 할 수 있다. 《율곡전서》 권14, 설2에 나와 있다.

172 진덕수眞德秀. 송宋 나라의 학자로 호는 서산西山, 시호는 문충文忠. 포성浦城 사람으로 경원慶元 때에 진사進士로서 벼슬이 참지정사參知政事에 이르렀는데 강직하기로 유명했다. 그가 조정에 있을 때 올린 주소奏疏의 수십만 언數十萬言은 모두 절실한 것이었다. 주자학파의 학자로서 저서로는 《대학연의大學衍義》, 《당서고의唐書考疑》, 《독서기讀書記》, 《문장정종文章正宗》, 《서산갑을고西山甲乙稿》, 《서산문집西山文集》 등이 있다.

173 《중용장구》 〈서〉. "雖上智 不能無人心."

174 오행〔水火木金土〕 중 토는 사시四時의 말절에 18일식 토왕土旺으로

배치되어 있다. 토왕이란 오행에서 말하는 토기土氣가 성盛하다는 절기節氣로서, 일 년에 네 번 있는데, 입춘·입하·입추·입동이 바로 그것이다. 따라서 수화목금水火木金과 춘하추동春夏秋冬이 토土를 떠나지 못하는 것처럼, 인의예지仁義禮智도 신信을 바탕으로 하여 서로 떠나지 못한다는 것을 말하고 있다.

175 《중용》〈1장〉. "喜怒哀樂之未發 謂之中 發而皆中節 謂之和 中也者 天下之大本也 和也者 天下之達道也."

176 천리가 곧바로 나오는 것〔直出〕과 대비되게 인욕이 횡으로 생겨난다〔橫生〕고 말하고 있다. 도안을 보면 사단은 "하늘의 이치가 직접 나온 것〔天理之直出者〕라는 말에 대해 악으로서의 "인욕이 횡으로 생겨난다〔人欲之橫生也〕"라고 되어 있다.

177 《율곡전서》 권35에 있는 문인 사계沙溪 김장생金長生이 찬撰한 것으로 부분적으로만 발췌했다. 한국고전종합DB의 자료를 활용했다.

178 중국 명나라 세종 때(1522~1566)의 연호.

179 K. McLeish(eds.), "religion", *Key Ideas in Human Thought*(Prima Publishing, 1995), 626쪽.

180 《논어》〈요왈〉. "堯曰 咨爾舜 天之曆數 在爾躬 允執厥中 四海困窮 天祿永終 舜亦以命禹."; 《순자》. "道經曰人心之危 道心之微 危微之幾 惟明君子而後知之."

181 《중용장구》〈서〉. "中庸 何爲而作也 子思子 憂道學之失其傳而作也 蓋自上古聖神繼天立極 而道統之傳 有自來矣 其見於經則允執厥中者 堯之所以授舜也 人心惟危 道心惟微 惟精惟一 允執厥中者 舜之所以授禹也…自是以來 聖聖相承 若成湯文武之爲君 皐陶伊傅周召之爲臣 既皆以此而接夫道統之傳 若吾夫子 則雖不得其位 而所以繼往聖開來學 其功 反有賢於堯舜者 然當是時 見而知之者 惟顔氏曾氏之傳 得其宗 及其曾氏之再傳 而復得夫子之孫子思 則去聖遠而異端起矣."

182 주 77 참조.

183 《중용장구》〈서〉. "二者雜於方寸之間 而不知所以治之 則危者愈危 微者愈微 而天理之公 卒無以勝夫人欲之私矣 精則察夫二者之間而不雜也 一則守其本心之正而不離也 從事於斯 無少間斷 必使道心 常爲一身之主 而人心 每聽命焉 則危者安 微者著 而動靜云爲 自無過不及之差矣…其曰天命率性 則道心之謂也 其曰擇善固執 則精一之謂也 其曰君子時中 則執中之謂也."

184 《율곡전서》 권10, 서書1, 〈부문서附問書〉. "四端之情 理發而氣隨之 自純善無惡 必理發未遂而揜於氣 然後流爲不善 七者之情 氣發而理乘之 亦無有不善 若氣發不中而滅其理 則放而爲惡云 究此議論 以理氣之發 當初皆無不善 而氣之不中 乃流於惡云矣 人心道心之說 旣如彼其分理氣之發 而從古聖賢皆宗之 則退翁之論自不爲過耶."

185 《율곡전서》 권10, 서1, 〈부문서〉. "人心道心之發 其所從來固有主氣主理之不同 在唐虞無許多議論時 已有此說 聖賢宗旨 皆作兩下說 則今爲四端七情之圖 而曰發於理發於氣 有何不可乎 理與氣之互發 乃爲天下之定理 而退翁所見 亦自正當耶 然氣隨之理乘之之說 正自拖引太長 似失於名理也 愚意以爲四七對擧而言 則謂之四發於理 七發於氣可也 爲性情之圖 則不當分開 但以四七俱置情圈中 而曰四端 指七情中理一邊發者而言也 七情不中節 是氣之過不及而流於惡云云 則不混於理氣之發 而亦無分開二岐之患否耶."

186 《율곡전서》 권10, 서2, 〈부문서〉. "所謂生於此原於此 從理從氣等語 似是理氣二物 先在於此 而人心道心生於此原於此 從此而發也."

187 '유기격수의 비유'에 대해서는 본문의 〈답성호원〉 10을 참조하라.

188 《율곡전서》 권10, 서2, 〈답성호원〉. "近觀整庵退溪花潭先生之說…就中整庵花潭 多自得之味 退溪多依樣之味(一從朱子之說) 整庵則望見全體而微有未盡瑩者…或有過當者微涉於理氣一物之病…退溪則深

信朱子 深求其意…而豁然貫通處 則猶有所未至 故見有微瑩言或微差 理氣互發 理發氣隨之說 反爲知見之累耳 花潭則聰明過人故見之不難 厚重不足 其讀書窮理 不拘文字而多用意思…以爲一氣長存 往者不過 來者不續 此花潭所以有認氣爲理之病也."

189 《율곡전서》 권10, 서2, 〈답성호원〉. "理形而上者也 氣形而下者也."

190 《율곡전서》 권10, 서2, 〈답성호원〉. "理無形也 氣有形也 理無爲也 氣無爲也."

191 《율곡전서》 권10, 서2, 〈답성호원〉, "無形無爲而爲有形有爲之主者理也 有形有爲而爲無形無爲之器者氣也."

192 《율곡전서》 권10, 서2, 〈답성호원〉. "夫理者 氣之主宰也 氣者 理之所乘也 非理則氣無所根柢 非氣則理無所依着 卽非二物又非一物 非一物故一而二 非二物故二一而一也."

193 《율곡전서》 권14, 〈잡저雜著〉. "其然者 氣也 其所以然者 理也."

194 《율곡전서》 권10, 서2, 〈답성호원〉. "若曰互有發用則是理發用時 氣或有所不及 氣發用時理或有所不及也 如是則理氣有離合有先後…其錯不小矣."

195 《율곡전서》 권10, 서2, 〈답성호원〉. "若非氣發理乘一途而理亦別有作用 則不可謂理無爲也 孔子何以曰人能弘道非道弘人乎 如是看破則氣發理乘一途 明白坦然."

196 《율곡전서》 권10, 서2, 〈답성호원〉. "理通氣局四字 自謂見得 而又恐珥讀書不多 先有此等言 而未之見也."

197 《율곡전서》 권20, 〈성학집요〉. "理通者 天地萬物 同一理也."

198 《율곡전서》 권10, 서2, 〈답성호원〉. "理通者何謂也 理者無本末無先後也…乘氣流行 參差不齊而其本然之妙 無乎不在 氣之偏則理亦偏而所偏非理也氣也…至於淸濁粹駁…之中 理無所不在 各爲其性 而其本然之妙則不害其自若也."

199 《율곡전서》 권20, 〈성학집요〉. "氣局者 天地萬物 各一氣也."

200 《율곡전서》 권10, 서2, 〈답성호원〉. "氣局者何謂 氣…有本末也有先後也…有其升降飛揚未嘗止息 故參差不齊而萬物生焉 於氣之流行也有不失其本然者 有失之本然者 既失其本然 則氣之本然者已無所在."

201 송석구, 《율곡의 철학사상연구》(형설출판사, 1996), 58쪽.

202 이병도는 이통기국설이 화엄불교의 이사理事의 통국通局에서 유래했다고 주장하고, 황의동은 율곡 스스로가 자득했다는 구절을 들어 화엄불교에서 연원했다는 것에 반대한다는 의견을 개진하고 있다. 그런데 주자가 이미 '이일분수理一分殊'를 화엄의 '월인천강月印千江'의 비유를 원용하여 설명하고 있다는 점에서, 불교의 영향을 부인하기는 힘들다고 판단된다. 이병도, 《율곡의 생애와 사상》(서문당, 1979), 69쪽; 《주자어류》 189:29 참조.

203 이상익, 〈율곡 이기론의 삼중구조〉, 《기호성리학연구》(심산, 2000), 86쪽.

204 《율곡전서》 권10, 서2, 〈답성호원〉. "人心道心雖二名 而其原則只是一心 其發也或爲理義 或爲食色 故隨其發而異其名 若來書所謂理氣互發 則是理氣二物 各爲根柢於方寸之中 未發之時 已有人心道心之苗脈 理發則爲道心 氣發則爲人心矣 然則吾心有二本矣 豈不大錯乎 朱子曰心之虛靈知覺 一而已矣 吾兄何從而得此理氣互發之說乎."

205 《율곡전서》 권10, 서2, 〈답성호원〉. "道心原於性命 而發者氣也 則謂之理發不可也 人心道心 俱是氣發 而氣有順乎本然之理者 則氣亦是本然之氣也 故理乘其本然之氣而爲道心焉 氣有變乎本然之理者 則亦變乎本然之氣也 故理亦乘其所變之氣而爲人心 而或過或不及焉 或於纔發之初 已有道心宰制 而不使之過不及者焉 或於有過有不及之後道心亦宰制而使趨於中者焉."

206 《율곡전서》 권10, 서2, 〈답성호원〉. "氣順乎本然之理者 固是氣發 而

氣聽命於理 故所重在理而以主理言 氣變乎本然之理者 固是原於理而已 非氣之本然 則不可謂聽命於理也 故所重在氣而以主氣言 氣之聽命與否 皆氣之所爲也 理則無爲也 不可謂互有發用也."

207 《율곡전서》 권10, 서2, 〈답성호원〉. "且朱子曰 心之虛靈知覺 一而已矣 或原於性命之正 或生於形氣之私 先下一心字在前 則心是氣也 或原或生而無非心之發 則豈非氣發耶."

208 《맹자》〈고자상〉 6장. "詩曰天生蒸民 有物有則 民之秉夷 好是懿德 孔子曰 爲此詩者 其知道乎 故有物必有則 民之秉夷也 故好是懿德."

209 《중용》〈1장〉 "天命之謂性."

210 《대학》〈경1장〉. "大學之道 在明明德."

211 《중용》〈1장〉. "率性之謂道 修道之謂教."

212 《맹자》〈공손추상〉 6장 참조.

213 《맹자》〈공손추상〉 6장. "孟子曰 人皆有不忍人之心 先王 有不忍人之心 斯有不忍人之政矣 以不忍人之心 行不忍人之政 治天下 可運之掌上 所以謂者 今仁 乍見孺子將入於井 皆有怵惕惻隱之心 非所以內交於孺子之父母也 非所以要譽於鄉黨朋友也 非惡其聲而然也 由是觀之 無惻隱之心 非人也 無羞惡之心 非人也 無辭讓之心 非人也 無是非之心 非人也 惻隱之心 仁之端也 羞惡之心 義之端 辭讓之心 禮之端也 是非之心 智之端也 人之有四端也 猶其四體也 有是四端而自謂不能者 自賊者也 爲其君不能者 賊其君者也 凡有四端於我者 知皆擴而充之矣 若火之始然 泉之始達 若能充之 足以保四海 苟不充之 不足以事父母."

214 《맹자》〈만장상〉 6장 참조.

215 《맹자》〈고자상〉 7~8장 참조.

216 《맹자》〈진심상〉 1장 참조.

217 《맹자》〈만장상〉 6~8·18~19장, 〈진심상〉 1장 참조.

218 《논어》 〈위정爲政〉. "子曰 道之以政 齊之以刑 民免而無恥 道之以德 齊之以禮 有恥且格."

219 "뇌에 수반된 현상이 정신이고 의식입니다", 《동아일보》(2008년 8월 1일자).

220 김재권, 《심리철학》, 하종호·이선희 옮김(철학과현실사, 1997), 357~358쪽.

221 인간 본성과 바람직한 인간들 간의 관계, 즉 정체政體의 문제에 있어서 유교는 공맹 이래 왕도 정치의 이념, 즉 "인간 본성을 완성한 성인이 군주가 되어 인간 본성의 덕으로 다스려야 한다"고 하는 덕치 혹은 인정仁政을 주창해왔다. 율곡 또한 수기를 통해 성인이 된 군주가 통치해야 한다는 이념을 주창하며, 손수 《성학집요》를 편찬한 바 있다.

222 김재권, 《물리주의》, 하종호 옮김(아카넷, 2007), 142쪽.

223 "뇌와 마음은 분리할 수 없는 수반관계, 철학은 명료하게 사고하는 능력 키워", 《한국일보》(2008년 8월 1일자).

224 Kim Jeagwon, "Supervenience", S. Guttenplan (ed.), *A Companion to the Philosophy of Mind*(Blackwell, 1994), 575~583쪽.

225 이에 대해서 율곡은 다음과 같이 해설하고 있다. "주자는 '마음의 허령지각은 하나일 뿐인데, 혹 성명의 바른 데에 근원을 두기도 하고, 혹 형기의 사사로움에서 나오기도 한다' 하면서, 먼저 마음 심자 하나를 앞에 놓았으니, 마음은 곧 기운입니다〔且朱子曰 心之虛靈知覺 一而已矣 或原於性命之正 或生於形氣之私 先下一心字在前 則心是氣也〕."(《율곡전서》 권10, 서2, 〈답성호원〉).

226 《율곡전서》 권14, 〈인심도심도설〉. "天理之賦於人者 謂之性 合性與氣而爲主宰於一身者 謂之心 心應事物而發於外者 謂之情 性是心之體 情是心之用 心是未發已發之摠名 故曰心統性情."

227 《율곡전서》 권10, 서2, 〈답성호원〉. "且以人乘馬喩之 則人則性也 馬則氣質也 馬之性 或馴良或不順者 氣稟淸濁粹駁之殊也 出門之時 或有馬從人意而出者 或有人信 信字與任字 同意而微不同 蓋任字 知之而故任之也 信字 不知而任之也 馬足而出者 馬從人意而出者 屬之人 乃道心也 人信馬足而出者 屬之馬 乃人心也 門前之路 事物當行之路也 人乘馬而未出門之時 人信馬足 馬從人意 俱無端倪 此則人心道心本無相對之苗脈也."

228 G. Dicker, *Hume's Epistemology and Metaphysics*(Routledge, 1998), 15~34쪽 참조.

229 이러한 실체론적 인간 이해는 오늘날 현대 철학사에서는 거의 받아들여지지 않는다. 이에 대한 비판으로 널리 인정받는 논증으로는 다음을 참조. L. Wittgenstein, *Philosophical Investigation*, G. E. M. Anscombe (trans.)(Oxford: Blackwell, 1953), sec. 293. 여기서 비트겐슈타인은 "상자 속의 딱정벌레"의 비유로 사적 영역의 불가능성을 암시하는 정문일침頂門一鍼의 전략으로 실체론적 인간 이해를 비판했다.

230 H. Arendt, *The Human Condition*(Chicago Univ. Press, 1958), 11쪽.

더 읽어야 할 자료들

율곡의 전집은 한국정신문화연구원에서 《국역 율곡전서》(1987) 전 8권으로 번역되어 있다. 전집과 전집에서 누락된 율곡의 《노자》 해석서 《순언》(김학목 옮김, 예문서원, 2001)은 사단법인율곡학회에서 CD-ROM으로 제작되어 있어 활용할 수 있다. 율곡 관련 단행본은 아래와 같으며, 이외에도 안외순이 옮긴 《동호문답》(책세상, 2005, 153~156쪽)을 참조하기 바란다.

장숙필, 《율곡 이이의 성학연구》(고대 민족문화연구소, 1992)

대표적인 율곡 연구자 가운데 한 사람인 장숙필이 박사 논문을 보완해 단행본으로 출간한 책으로 성학聖學의 의미에서 출발해(2장), 율곡 성학의 철학적 배경으로 이기론, 인간론, 심성론 등을 원자료에 충실하게 자세히 해명하고 있다(3장). 그리고 4장의 성학적 수기론에서는 이론적 근거와 구체적 내용을 다루었고, 5장의 성학적 치인론에서는 기본적인 경세설과 무실론을, 그리고 마지막으로는 율곡 성학의 특징을 서술하고 있다.

송석구, 《율곡의 철학사상연구》(형설출판사, 1994)

동국대 총장을 역임한, 대표적인 율곡 연구자 중 한 사람인 송석구의 저작이다. 2장의 이기론에서는 정주와 화담 및 퇴계의 입장을 율곡이 어떻게 극복했는지를 논했다. 3장의 심성정론에서는 심성정의설과 사단칠정설, 인심도심성을 다루었고, 4장의 수기적 실천론에서는 《성학집요》를 중심으로 율곡 수기론의 특징을 논했다. 그리고 부록으로 불교와 율곡 철학의 관계를 다루고 있다. 이 저서는 율곡 철학의 독창성을 강조하는 데 주안점을 두고 있다.

이병도, 《율곡의 생애와 사상》(서문당, 1973)

역사학자가 율곡의 생애와 사상을 다룬 고전적인 저작이다. 역사학자답게 율곡이 살았던 당시의 정치경제 및 사상계의 동향을 다룬 시대적 배경에서 출발해 2장에서는 율곡의 생애, 가문, 그리고 《실록》에 나타난 사신평史臣評을 다루고 있다. 그리고 4장에서는 전통적 사상 계보를, 5장에서는 유자관과 학적 태도를 다루었다. 그 뒤에는 성리 철학, 수양 및 교육론, 불교관, 시무책, 연표 등이 제시되어 있다.

이영경, 《율곡 윤리사상의 인성론적 탐구》(세종출판사, 2001)

윤리학자인 저자가 율곡 윤리사상의 인성론적 함의를 탐색하고 있는 저작이다. 먼저 1부에서는 인성론의 선악 문제, 이기와 도덕성의 문제를 다루었다. 2부의 인성론과 자유의지의 문제에서는 선악과 도덕의지의 문제, 결정론과 자유의 문제를 다루고 있다. 그리고 3부에서는 인간의 존재-가치적 성격과 성인론을, 4부에서는 도덕교육론과 도덕 교육, 이기지묘론 등을 다루면서 율곡 철학의 윤리적 문제를 잘 서술해주고 있다.

황의동, 《율곡철학연구》(경문사, 1987)

율곡 연구의 고전 가운데 하나로서 율곡 철학을 '이기지묘'라는 말을 화두 삼아 잘 정리해주고 있다. 먼저 1부에서는 율곡 철학의 근본 문제와 이기지묘에서 출발하여, 율곡 사상의 사상적 연원과 우주론을 태극, 음양, 이기, 심성정의 등의 개념으로 나누어 서술해주고 있다. 2부의 율곡의 경세사상에서는 율곡의 정치사상, 경제사상, 사회사상, 보국안민사상 등을 두루 제시해주고 있다.

황의동 편저, 《한국의 사상가 10인—율곡 이이》(예문서원, 2002)

율곡을 한국의 주요 사상가 10인 가운데 한 사람으로 선정하여 주요 연구 결과를 수록한 책이다. 율곡학 연구의 어제와 오늘에서 출발하여, 1부에서는 율곡 사상의 기본 구조를, 2부에서는 율곡 사상의 심층을, 3부에서는 율곡의 경제 사상을, 그리고 4부에서는 율곡 사상의 비교철학적 고찰을 시도하고 있다. 율곡학 연구의 성과를 집대성한 책이라고 할 수 있다.

이상익, 《기호성리학연구》(한울, 1998); 《기호성리학논고》(심산, 2005)

주자에서 출발해 율곡과 율곡학파의 철학적 주제와 관점을 논쟁의 형식으로 심도 있게 정리했다. 주자의 이기론은 삼중 구조로 되어 있다고 주장하는 저자는 율곡의 철학과 퇴계의 철학을 비교하는 것에서 출발해, 화담의 이기론, 녹문 임성주와 노사 기정진의 성리학을 재해석했다. 그리고 호락논쟁의 근본 문제와 기호성리학에서 낙학에서 북학으로의 사상적 변이 과정을 추적하고 있다. 율곡 및 율곡학파의 철학적 문제를 심도 있게 논의하고 있는 문제작이다.

임헌규, 《유가의 심성론과 현대 심리철학》(철학과현실, 2001)

유교 심성론의 쟁점을 정리하고 현대 심리철학과 비교한 책으로, 특히 맹자와 주자의 심성론을 기술해, 율곡 심성론의 배경을 이해하는 데에 도움을 준다.

옮긴이에 대하여

임헌규904lim@kangnam.ac.kr

서울대 대학원 철학과(서양철학 석사), 한국학중앙연구원 한국학대학원(동양철학 석사 및 박사)을 졸업했다. 그 후 미국 하와이대학(동서비교철학)에서 수학하고, 유도회 부설 한문연수원(3년 과정)을 졸업했다. 현재 강남대학교 철학과 교수로 재직 중이며 동양고전학회 회장, 《동방학》 편집위원장을 역임했다. 지금까지 주로 현대 심리철학과의 비교를 통해 동양심성론의 현대적 정체성 확립을 모색하는 작업을 해왔다.

저서로 《유가의 심성론과 현대 심리철학》, 《노자 도덕경 해설》, 《유가철학의 이해》(공저), 《장자 사상의 이해》(공저) 등이 있으며, 《노자 철학 연구》, 《장자—고대중국의 실존주의》, 《주자의 철학》, 《인설》, 《노자》, 《맹자》, 《후설의 현상학》, 《하버마스—다시 읽기》, 《현대 유럽 철학의 흐름》, 《데리다와 푸코, 그리고 포스트모더니즘》, 《답성호원》 등을 옮겼다.

답성호원

초판 1쇄 발행 2013년 1월 31일
개정 1판 1쇄 발행 2021년 12월 1일
개정 1판 2쇄 발행 2024년 6월 17일

지은이 이이
옮긴이 임헌규

펴낸이 김준성
펴낸곳 책세상
등록 1975년 5월 21일 제2017-000226호
주소 서울시 마포구 동교로23길 27, 3층 (03992)
전화 02-704-1251
팩스 02-719-1258
이메일 editor@chaeksesang.com
광고·제휴 문의 creator@chaeksesang.com
홈페이지 chaeksesang.com
페이스북 /chaeksesang **트위터** @chaeksesang
인스타그램 @chaeksesang **네이버포스트** bkworldpub

ISBN 979-11-5931-731-6 04080
979-11-5931-221-2 (세트)